ARMAND BOURGEOIS

Le

GÉNÉRAL BONAPARTE

et la

Presse de son époque

(Deuxième Série)

PARIS

HONORÉ CHAMPION, ÉDITEUR

Librairie spéciale pour l'Histoire de la France et de ses anciennes provinces

5, Quai Malaquais, 5

1907

LE GÉNÉRAL BONAPARTE

et la Presse de son époque

ARMAND BOURGEOIS

Le
GÉNÉRAL BONAPARTE

et la

Presse de son époque

(Deuxième Série)

PARIS

HONORÉ CHAMPION, ÉDITEUR

Librairie spéciale pour l'Histoire de la France et de ses anciennes provinces

5, Quai Malaquais, 5

—

1907

A MONSIEUR FRÉDÉRIC MASSON

de l'Académie Française

*Au brillant, au pénétrant et vivant historien de Napoléon,
ce volume est respectueusement dédié.*

A. B.

Introduction

—

Le savant, spirituel et fin préfacier de la première série de mon travail, Eugène Martin, se montrait presque consentant au sacrifice du journalisme, feuilles dont autant en emporte le vent, déclarait-il.

Eh bien, j'entends défendre le journal contre cette résignation, en sympathie avec l'auteur de *Collection de matériaux pour l'Histoire de la Révolution de France*, (1) une collection inestimable et devenue rarissime, quand il dit :

« *Les Journaux*, que les historiens de la Révolution ne consultent pas assez, fournissent des renseignements précieux, surtout aux approches des événements mémorables. »

Je sais bien que ces journaux eux-mêmes sont devenus, autant dire, introuvables, et, quand on les trouve, ils comportent le plus souvent un grand nombre de lacunes. C'est seulement quand on a le bonheur d'en posséder une grande variété, qu'on arrive à un ensemble assez satisfaisant. C'est mon cas. Aussi, caressé-je l'espoir que la publication que j'ai entreprise, rendra service aux historiens de l'avenir.

Un exemple, entre bien d'autres, qui est de nature à rehausser le journalisme, c'est la lettre précieuse, pleine d'épisodes attachants, due à un témoin de la prise de Malte, qu'il reproduit et qu'on trouvera plus loin.

(1) Deschiens, avocat à la Cour d'Appel de Paris, 1829.

La grande Histoire, elle, aurait craint de s'encombrer en reproduisant *in extenso* ce document de valeur.

Revenons maintenant à la grande figure de Bonaparte, qui, malgré les vingt ans de guerre où il plongea la France, reste toujours un souvenir vivant de la gloire sans exemple, dont il la couvrit. Tant qu'il y aura une France, toujours luira ce soleil dont les rayons se nomment Marengo, Austerlitz, Iéna. Un tel génie immortalise une nation, et c'est pourquoi, malgré les fautes, malgré les calamités même, elle ne cessera jamais de s'en enorgueillir.

Et dire que cette gloire aurait pu demeurer intacte et ne nous laisser que des avantages, celui surtout d'être invulnérables, grâce à des frontières naturelles sur tous les points de la France ! Le fameux traité d'Amiens devait en être la consécration. Mais, hélas ! l'Angleterre le rompit la première, et Bonaparte, devenu Napoléon à ce moment, se jura de venir à bout de l'éternelle ennemie, violatrice de tous engagements, d'où cette conception hardie et géniale, que fut le blocus continental. Malheureusement, la campagne et la retraite de Russie de 1812 en furent l'effondrement, bien qu'elles aient été précédées, sinon suivies, d'innombrables victoires. Les événements se précipitèrent ensuite, pour aboutir à la catastrophe finale de Waterloo.

Au reproche fait à Napoléon de ces vingt ans de guerre, ne convient-il pas cependant d'apporter cette atténuation qu'il y avait été entraîné, pour avoir trop voulu venir à bout d'un adversaire comme l'Angleterre ? Il fut le joueur qui se ruina, pour avoir cherché à conjurer la déveine

A propos de la rupture du traité d'Amiens, je suis amené à établir des comparaisons curieuses — je ne crois pas qu'elles aient été faites avant moi — entre deux pamphlétaires qui, bizarre coïncidence, causèrent le plus grand tort moral, l'un à l'oncle, l'autre au neveu. J'ai parlé de Peltier, l'auteur des *Actes des Apôtres*, et de Rochefort, l'auteur de *La Lanterne*. Rochefort lui-même s'en est-il jamais rendu compte ?

J'en viens donc à ceci : que Peltier, l'écrivain royaliste réfugié à Londres, contribua à la rupture de la paix d'Amiens par ses violentes attaques contre le Premier Consul.

La chute de Napoléon III ne fut-elle pas précipitée par les attaques acerbes et ironiques de *La Lanterne ?*

Ce n'est point pour diminuer le grand talent de polémiste du vaillant rédacteur en chef de *l'Intransigeant ;* mais que ceux qui peuvent se procurer ces *Actes des Apôtres* s'en pénètrent, et ils conviendront avec moi que Peltier avait un très grand talent d'écrivain, l'esprit vif, incisif et primesautier. Si l'on n'envisage même que le point de vue littéraire, on ne peut que se délecter. J'aurai l'occasion, plus loin, de revenir sur Peltier.

Ne voyons maintenant que le beau côté de la médaille, en n'hésitant pas, notamment, à nous étendre sur cette brillante campagne d'Égypte, le plus gros morceau de mon livre, qui, à la gloire militaire, ajouta la gloire pacifique.

J'ouvre une parenthèse pour parler des rapports intimes qu'il peut y avoir entre l'homme et le costume, à propos même de la campagne d'Égypte. Le joli portrait en couleur du général Bonaparte, en ma possession, est suggestif à cet égard.

Il n'y a pas à le cacher, tant que Bonaparte ne fut devenu général en chef à la suite du 3 vendémiaire, il voisina presque avec la misère et ne porta que des habits râpés. Mais on le vit ensuite avec une redingote bleue, boutonnée jusqu'en haut, avec un large col rouge rabattu. Le col et les revers étaient brodés de feuilles de chêne en or. Quant à la coiffure, elle affectait cette forme bizarre connue alors sous le nom d'*oreilles de chien ;* tel le représente ma gravure en couleur. Au lieu de se négliger, il était devenu soigneux de sa personne, de ses mains surtout, qui étaient fort belles.

En Égypte, principalement, il tint à frapper les Musulmans par le brillant de son costume, car il portait une redingote à parements ouverts, dont les bords et les poches laissaient apercevoir de larges broderies d'or ; sa ceinture était en riche étoffe d'Orient, et son chapeau orné de galons d'or.

Cette époque, donc, nous fascine encore assez aujourd'hui, pour que nous dévorions les ouvrages qui ont trait à la fameuse épopée. Tout ce qui la rappelle : peinture, gravures vulgaires, images même, est vivement recherché et constitue ce fonds de patriotisme contre lequel les efforts et les assauts des antimilitaristes et des sans patrie viendront toujours se briser finalement. Elle ne peut déchoir, la nation qui a un pareil livre d'or. Est-ce que, pour quelques éclipses, le soleil ne demeure pas toujours vainqueur ?

* *

Il est une belle figure qui n'est qu'à peine esquissée dans le nombre, pourtant grand, des journaux que je consultai. Je veux parler de Madame Bonaparte ou Joséphine de Beauharnais. Diverses brochures de l'époque me permettant d'en parler plus longuement, j'ai pensé que je ne pouvais avoir de meilleure place que dans mon introduction ; c'est qu'elle est attachante, cette figure !

Disons de suite quelle fut l'origine de l'union de la veuve du général de Beauharnais avec le général Bonaparte.

C'est la fameuse tireuse de cartes, Mlle Lenormand, qui parle :

« Un enfant de dix à douze ans, d'une figure heureuse, se présente un jour chez Bonaparte et lui demande d'employer son crédit à lui faire rendre l'épée de son père. Il dit se nommer Eugène de Beauharnais, fils du ci-devant vicomte de Beauharnais, qui, s'étant attaché au parti de la Révolution, avait servi la République sur le Rhin, en qualité de général. Devenu suspect au Comité de Salut Public, il avait été déféré au Tribunal révolutionnaire et exécuté quatre jours avant la chute de Robespierre.

« La demande de l'enfant était aussi touchante que ses manières étaient aimables. Bonaparte prit à lui le plus vif intérêt et lui fit rendre cette arme chérie. A cette vue, l'enfant fond en larmes : il le renvoie comblé de caresses ; quelques jours après, l'enfant revient en compagnie de sa mère. »

Oh ! la destinée !

Maintenant, le portrait de Joséphine, d'après M. de Saint-Hilaire, dans ses *Mémoires d'un Page* :

« C'était une femme charmante, d'une figure angélique, attrayante, pleine de bonté ; elle était d'une taille moyenne, mais modelée avec une rare perfection ; il y avait une souplesse, une légèreté incroyable dans tous ses mouvements ; sa démarche sérieuse respirait la majesté ; sa physionomie était expressive, sa douceur charmante. Belle, dans la joie comme dans la douleur, elle offrait dans ses yeux son âme tout entière ; ils étaient bleu foncé, à demi fermés par de longues paupières légèrement arquées, entourés des plus beaux cils du monde et doués d'un regard irrésistible. Quoique son aspect fût imposant, il semblait que la sévé-rité lui fût impossible. Elle avait des cheveux longs, beaux, soyeux, le teint châtain clair, la peau éblouissante de fi-nesse et de fraîcheur, un son de voix si ravissant, qu'on éprouvait du plaisir à l'entendre. »

Comment, après ce portrait, n'aurait-elle pas fait les beaux jours de la Malmaison et des Tuileries ?

Veuve du général vicomte de Beauharnais, elle était elle-même fille d'un planteur de Saint-Domingue et portait le nom de Marie-Joséphine-Rose Tascher de la Pagerie. Elle aussi fut victime de la Révolution, puisqu'elle fut arrêtée comme suspecte et incarcérée jusqu'au 9 thermidor. Ses enfants, Hortense et Eugène, furent mis en apprentissage, l'une chez une lingère, l'autre chez un menuisier. Mais comme tout cela allait changer ! D'abord, Mme de Beau-harnais rentrait dans tous ses biens. Bonaparte, qui avait fait sa connaissance, passait volontiers ses soirées chez elle, et bientôt, sur les instigations mêmes de Barras, la demanda en mariage. La suite, c'est que la belle fortune de Madame Bonaparte l'aida à tenir ce rang, qui ne nuisit pas, tant s'en faut, à son avancement ; elle fut, d'autre part, et plus d'une fois, son bon génie par ses conseils, et ce ne fut pas sa faute si Bonaparte eut sa mémoire ternie par l'assassinat du duc d'Enghien, qui donnait de grandes espérances et dont il craignait le parti : elle avait fait tous ses efforts pour le prémunir contre cet attentat.

Mais, comme le disait un contemporain : « Napoléon eût mérité des autels, s'il n'eût pas commis de grandes fautes. »

Maintenant, je terminerai par un avertissement au lecteur et des remerciements.

Le lecteur voudra bien ne pas s'étonner si, à première vue, les dates paraissent parfois mélangées : c'est parce que les journaux cités n'ont reçu les nouvelles que plus ou moins de temps après les événements écoulés.

Mes remerciements, je suis heureux de les adresser aux sommités des lettres qui ont bien voulu prendre intérêt à la première série de mon œuvre et en faire de flatteurs éloges ; ils m'ont été au cœur, de même qu'un précieux encouragement. Ces sommités sont : MM. Jules Claretie, François Coppée, Henry Houssaye, Frédéric Masson et Alfred Mézières, de l'Académie Française ; MM. le prince Roland Bonaparte, le remarquable poète et écrivain Auguste Dorchain ; André Hallays, des *Débats ;* Stephen Liégeard, président de la Société Nationale d'Encouragement au Bien ; Lucien Millevoye, député et rédacteur en chef de *la Patrie.* Je remercie également les importants journaux comme *les Débats, le Temps, l'Intransigeant,* qui ont bien voulu me consacrer un article étendu.

Encore un mot. Comme les divers journaux du temps ne m'ont pas toujours fourni tous les détails désirés, à cause de leurs lacunes sur certains événements, j'ai conçu l'idée d'un *Calendrier Bonaparte* présentant, pour chaque jour de l'année, une époque mémorable de la vie de ce grand homme, depuis sa naissance jusqu'au jour où il fut proclamé empereur. Que dis-je? Ces lacunes se trouveront, par suite, succinctement comblées. Ce calendrier, qui clôturera mon ouvrage, aura cet autre mérite, si je ne m'abuse, celui d'être instructif.

J'ai pensé, en outre, à cette autre annexe : *Tableau comparatif des mois révolutionnaires et des mois anciens, ainsi que pour les millésimes* : il est destiné à s'orienter mieux dans la lecture de mon travail.

A. B.

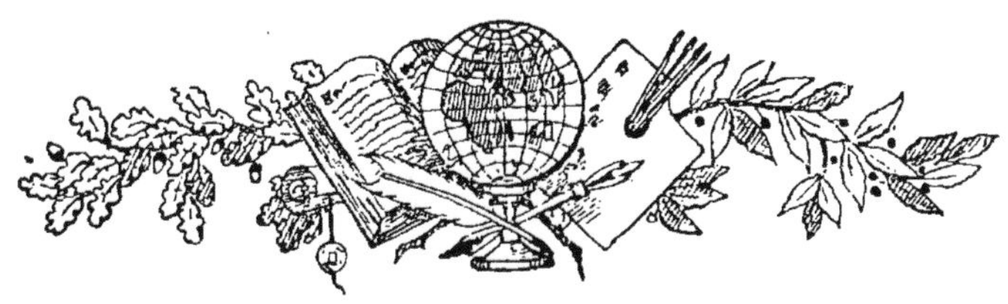

LE GÉNÉRAL BONAPARTE
et la Presse de son époque
(Deuxième Série)

PREMIÈRE PARTIE

CAMPAGNE D'ÉGYPTE

CHAPITRE Ier

Ceux qui savent mieux que les autres. — Encore le débarquement à Alexandrie. — Une intéressante lettre du général Dupuis. — Populations rassurées et détails de mœurs. — La Campagne d'Égypte bat son plein. — Les savants entrent en scène. — Une fête à Alexandrie. — Tallien à Alexandrie. — Lettre très détaillée sur la prise de Malte. — Le Directoire accusé par rapport à Bonaparte. — Le Cantique du Muphti des Cophtes. — Lettre d'un aide de camp. — Lettre du citoyen Jullien : la défaite navale d'Aboukir ; la situation des Français en Égypte ; l'importance de Suez. — Entrevue de Bonaparte avec plusieurs muphtis et imans, dans l'intérieur de la pyramide de Chéops. — Le canal de Suez pressenti.

De cette campagne d'Égypte, il émane comme du merveilleux, comme du romanesque. On y rencontre du fantastique, à l'égal des contes des *Mille et une Nuits*. On a voulu voir que le Directoire avait envoyé Bonaparte dans cette contrée pour s'en débarrasser. Je crois bien plutôt à une conception de ce grand génie, qui avait vu loin : c'est-à-dire atteindre les Anglais par les Indes, et qui avait fait partager son idée par le Directoire. C'est là, ce me semble, qu'il faut aller chercher l'exacte vérité.

— Le général Bonaparte fait travailler les esprits au sujet de la campagne d'Égypte. — Très judicieux, ce qui est observé ci-après dans les *Nouvelles de Paris* du 4 vendémiaire, an VII, et qui démontre que ce qui était vrai du temps de Rome, ne l'était pas moins du temps de Bonaparte. « Il y a des gens, disait le célèbre général romain Paul-Emile, qui, dans les cabarets, dans les bains, au théâtre, à la promenade, sur la place, conduisent et battent les armées ; règlent la marche, les actions, les discours et jusqu'aux pensées du général ; prescrivent toutes les opérations de la campagne. Ces gens, depuis le premier garçon baigneur jusqu'au dernier des appariteurs, sans être jamais sortis de Rome, sans avoir jamais vu de carte géographique, savent beaucoup mieux que le général, qui est sur les lieux, dans quel terrain il faut livrer bataille ou se retrancher ; de quels postes il faut se saisir, quels magasins il faut établir ; où est l'ennemi et ce qu'il fait. Et non seulement ces éternels bavards prescrivent ce qu'il y a de mieux à faire, mais ils se plaignent, ils murmurent quand on s'écarte de leur plan ; et, dans leur délire magistral, ils accusent les généraux de trahison ou d'ineptie, les citant à leur tribunal et les jugeant sans appel, dès qu'ils méprisent leurs avis.

« Sachez, Romains, que cette licence qu'on se donne à Rome apporte de grands obstacles au succès de nos armes. » Et, plus loin : « Le cordonnier ne doit se mêler que de sa chaussure et le publicain de ses comptes. »

A Paris comme à Rome, ne se fait-on pas un plaisir d'examiner, de censurer, de condamner la conduite des généraux ? et l'on ne s'aperçoit pas que de tels arrêts blessent souvent et le bon sens et l'équité. Combien Buonaparte a dû rire ou s'impatienter des bruits de Paris ou des plans d'Auteuil !.. Quelle tête il faut pour résister à la fois et au canon de l'ennemi et aux murmures de ses amis ! Il a tout entendu, tout bravé, tout vaincu. Honneur à Paul-Émile et à Buonaparte !

— *Nouvelles de Paris* du 6 vendémiaire, an VII. — C'est le 13 messidor que l'escadre française était arrivée devant Alexandrie. On débarquait dans la nuit et, le 14 au soir, on s'emparait d'Alexandrie après un vigoureux assaut. Après la prise de cette ville, on occupa les postes environnants, notamment Rosette.

Le 5 thermidor, Bonaparte faisait son entrée au Caire. Avant son entrée en campagne, il avait adressé une magnifique proclamation aux troupes. Or, l'on sait que c'est dans une de ces belles harangues qu'il dit à ses soldats, en montrant les Pyramides : « Songez que, du haut de ces monuments, quarante siècles vous contemplent ! »

A partir de ce moment, la victoire ne cessa de l'accompagner sur le sol égyptien, de même qu'il en avait été sur celui d'Italie, jusqu'au jour où il décida l'expédition de Syrie, dont le succès fut bien atténué par l'arrêt qu'il subit devant Saint-Jean-d'Acre, où il perdit tant de monde, par suite d'épidémie. Nous aurons l'occasion d'y revenir. Mais que c'était grand, que c'était beau de voir les drapeaux français flottant entre les cataractes du Nil et le mont Liban, et nos tentes placées sur les débris de Thèbes et de Palmyre, au milieu des anciens oracles !

— Pris dans *le Propagateur* du 7 brumaire, an VII. Voici le fragment d'une bien intéressante lettre, en date du 2 fructidor, adressée par le général Dupuis, commandant au Caire, à un négociant de Toulouse :

« Nous formons une colonie et des établissements en tous genres ; tout semble prospérer, et la fortune n'abandonne pas notre héros comme notre ami. Nous célébrons ici, avec enthousiasme, les fêtes de Mahomet ; nous trompons les Egyptiens par notre simulé attachement à leur religion...

« Ce pays-ci deviendra un pays inappréciable et, avant que ce peuple ignare revienne de sa stupeur, tous les colons auront le temps de faire leurs affaires.

« Bonaparte est toujours le même : il n'a pas dormi qu'il n'en ait chassé les deux beys régnants : l'un, Ibrahim, dans les déserts de la Syrie ; l'autre, Mourad-Bey, au-dessus des cataractes du Nil.

« Dans trois jours, nous devons célébrer la « Fête de Mahomet. » Tu ne le croiras pas, mais je t'assure que nous sommes aussi fervents que les pèlerins les plus fanatiques.

« Voilà, mon ami, tout le beau. A présent, je vais te faire voir
le retour de la médaille. — (Suit la narration du combat naval
d'Aboukir). — Les Anglais nous ont renvoyé tous nos blessés et
prisonniers : ils n'ont gardé qu'une centaine d'officiers, que nous
ne regrettons pas, je t'assure...

« Ah ! mon cher, si tu voyais nos soldats ! Ils ont chacun un
gros âne qui galope ventre à terre ; ils sont on ne peut plus
contents, et dans l'affaire qu'a eue ma brigade, elle a gagné plus
de 300.000 francs : l'or roule, et cent louis d'or sont une chose
commune parmi nos volontaires...

« On a ici trois livres de superbe blé pour deux sous. »

Oui, que la France n'a-t-elle conservé ce beau domaine colo-
nial, lors du traité d'Amiens avec les Anglais ?

— Les regrets surgissent à chaque pas. Tenez, encore, ces
nouvelles rapportées par *le Propagateur* du 9 brumaire, an VII.
Elles sont surtout curieuses comme détails de mœurs.

Alexandrie, 18 fructidor. — L'Europe a dû retentir du bruit de
nos exploits ; mais, si elle écoute avec étonnement le récit de
nos prodiges militaires, elle suivra sans doute avec intérêt le
détail de nos opérations domestiques. La terreur fut le premier
sentiment que les Egyptiens éprouvèrent. Ce peuple, naturellement doux et timide, n'osait se montrer devant un vainqueur
formidable, dont il ne connaissait pas encore les intentions. Il
se cachait et enfermait ses comestibles, ce qui fut cause que
l'armée manqua de vivres les premiers jours et dut recourir à
ses provisions de mer. Mais, quand, à cette première impression
de crainte, succéda la confiance que la bonne discipline de nos
troupes et la sagesse du général Bonaparte surent inspirer, les
marchés d'Alexandrie furent pourvus de tout. Les poules, les oies,
les pigeons, les veaux, tous les animaux dont ce pays abonde,
nous furent apportés avec profusion.

. . . .

Bonaparte, dès son arrivée, mit ses premiers soins à gagner la
confiance et l'amitié du schérif : il le décora de l'écharpe tricolore, le combla d'égards et même de distinctions. Le schérif,
portant la main sur sa poitrine, en invoquant Allah, lui protesta
de sa reconnaissance. Mais le général s'aperçut bientôt que le
traître avait des intelligences avec les Mamelucks et tramait un

soulèvement. Il le fit enlever et conduire à bord de *l'Orient*, d'où il fut transféré, avant sa catastrophe, sur un brick dans les eaux du Nil. Bonaparte exigea pour otages les enfants des principaux du pays. Par ses proclamations, il a ordonné qu'on respectât les usages ridicules et les pratiques superstitieuses de ces peuples. Ils ne sont inquiétés ni dans leurs fréquentes cérémonies religieuses, ni dans leurs habitudes domestiques. Les Egyptiens ont une espèce de vénération pour les chiens. Ces animaux vivent comme par tribus dans leurs villes et avec une sorte de police entre eux, au point que si quelque chien veut passer d'une tribu dans une autre, tous les membres de cette dernière fondent sur l'intrus et le renvoient à sa place. La charité des Egyptiens pourvoit à leurs besoins. On les laisse mourir de vieillesse, quelque dégoûtants qu'ils soient : quiconque battrait un chien révolterait toute l'Egypte, et les Français respectent les chiens. Ces peuples ont aussi quelque culte pour les tourterelles : elles vivent dans leurs maisons et dans les rues comme des animaux domestiques et le fusil des Français ne tue point les tourterelles.

. . . .

L'armée, malgré ses fatigues et des marches pénibles à travers les déserts brûlants, a montré un courage inébranlable. Bonaparte, toujours calme, lui impose une confiance sans bornes. On dirait que son génie anime chaque soldat, ils sont tous à la hauteur de ses vastes projets et ont fait le serment de le suivre partout. La commission des sciences et des arts trouve à s'occuper dans le pays où ils naquirent, et la république des lettres s'enrichira de ses travaux, comme la république politique s'honorera de nos triomphes. »

On sent que ces impressions sont sincères et vraies et réfutent glorieusement les dénigrements que les ennemis de Bonaparte cherchaient à faire peser sur lui.

— La campagne d'Egypte battait son plein, ainsi qu'on peut le voir dans *le Propagateur* du 1ᵉʳ frimaire, qui cite une correspondance officielle du général Bonaparte avec le Directoire, en date, au quartier général du Caire, du 6 thermidor, an VI, nous le prouvant surabondamment. La correspondance, en effet, rend compte du combat de Rahmanié, de la bataille de Chebreisse, de celle des Pyramides.

Ce même journal, à la date du 11 brumaire, an VII, donne

l'extrait d'une lettre écrite par le citoyen Conté, en date, à Alexandrie, du 13 thermidor, an VI.

« J'ai été chargé par le général en chef de recueillir toutes les productions des arts, manufactures, usines, enfin tout ce qui tient à l'industrie. Il m'est adjoint plusieurs artistes et dessinateurs. Je vais aussi exécuter des moulins simples pour fournir de la farine à l'armée.

« Pendant que les aérostiers n'avaient pas de travaux relatifs à leur arme, je les ai employés à déterrer plusieurs monuments qu'il était important de connaître, tels que les deux Obélisques de Cléopâtre, etc. J'ai déjà fait aussi une collection de dessins et de descriptions qui nous retraceront toujours des choses importantes pour nos progrès, au moins curieuses par leur singularité.

« Le général m'a demandé un moyen de bronzer les fusils des troupes, qui se rouillent ici dans un jour, au point de n'être pas reconnaissables. J'en ai bronzé un qui servira de modèle, et j'ai écrit le procédé, qu'on a mis sur le champ en usage avec le plus grand succès. Le vaisseau *le Patriote*, qui portait toutes les matières nécessaires à l'aérostation, a échoué à la côte, sous nos yeux. Nous avons retiré de la mer une partie des objets, mais il nous manque beaucoup de choses. Je regrette surtout la boîte d'outils, mes couleurs et mes éponges. Je suis obligé de faire de nouvelles couleurs, mais je n'ai pas tout ce qu'il me faudrait.

« Hier, il y a eu une fête à Alexandrie, à l'occasion de la prise du Caire. On a tiré des fusées, et la ville a été illuminée. La musique des deux nations a donné des sérénades aux chefs respectifs. J'allai chez le général Kléber, qui commande ici : il m'engagea à me promener avec lui dans la ville. Il entra dans un lieu public, où l'on faisait de la musique ; un schérif y était avec plusieurs autres chefs : ils rendirent au général toutes sortes d'honneurs, dont une partie a rejailli sur nous. On nous fit servir du sorbet, etc.

« La musique consiste dans deux tambours, une musette et quelques instruments à vent fort ressemblants à nos hautbois. On joue des airs qui ne varient presque pas, et on a beaucoup de peine à y distinguer autre chose que du bruit.

« Il y a une petite fenêtre grillée, très serrée, donnant dans cette salle, au travers de laquelle nous avons cru entrevoir des femmes, mais tellement cachées qu'il est impossible d'en être assuré ; encore s'enfuient-elles quand elles s'aperçoivent qu'on les regarde.

« Le citoyen Tallien est arrivé ici il y a trois jours ; il est, je crois, parti pour le Caire. »

Ces détails n'indiquent-ils pas que cette campagne d'Egypte fut remarquable en tous genres?

— Dans ce même numéro (n° 313 du *Propagateur*), pour se continuer dans les n°⁵ 315 et 316, se trouve un long extrait d'une lettre sur la prise de Malte, empruntée au *Courrier*, de Londres. Elle émane du bailli de Tignié, grand' croix dignitaire de l'ordre de Malte, vieillard de 80 ans, un âge où l'on ne peut guère être enclin à farder la vérité. Cette lettre avait été écrite peu de temps après le départ de Bonaparte.

Le Propagateur n'en fait connaître que les détails historiques et militaires. Tout d'abord, M. de Tignié trouve, dans le gouvernement faible et vacillant du feu grand-maître de Rohan, la première cause de la chute de l'Ordre de Malte. « Il avait laissé propager, dit-il, les principes révolutionnaires. Nous avons été trahis par les membres de l'Ordre qui avaient la direction des finances, des fortifications et de l'artillerie. Les riches habitants de Malte, barons et négociants, ont marqué la plus grande ingratitude : ils ont fait assassiner des chevaliers, en propageant le bruit que ces chevaliers les livraient aux Français. Au mois de nivôse, an V, le Directoire envoya à Malte le nommé Poussielgue ; il se logea chez un parent de son nom, riche banquier et capitaine de port. Caruson, consul de France, eut l'ordre d'écrire la liste des Maltais qui voulaient un changement. M. le chevalier O'Hara, ministre de Russie, en fut instruit, ainsi que le gouvernement.

Au milieu de ventôse, l'amiral Brueys, venant de Corfou avec une escadre de 12 vaisseaux de guerre, parut devant Malte, dont il voulait connaître les côtes : il envoya dans le port un vaisseau qui avait besoin de réparations et auquel l'Ordre accorda toutes sortes de secours ; l'escadre française reconnut, pendant huit jours, tous les points de l'île où l'on pouvait faire un débarquement. Les agents des Français firent courir le bruit que les chevaliers qui commandaient les postes le long de la mer les trahissaient, ce qui fut cru, et ôta la confiance que les Maltais avaient dans les chevaliers. M. Amat, chargé des affaires d'Espagne, et les chevaliers espagnols trouvèrent mauvaises les petites mesures de sûreté que l'on avait prises, ce qui fit voir aux Maltais que les chevaliers étaient divisés. Le consul de France Caruson fit part à M. de Brueys qu'un grand nombre de Maltais se joindraient aux Français, dès qu'ils attaqueraient Malte.

Sur l'avis qu'on eut de l'armement qui se faisait à Toulon, et d'après des lettres qui annonçaient qu'il regardait Malte, le bailli de la Tour-Dupin voulut qu'on se mît en défense, qu'on palissadât, qu'on mit en état les fusils, les affûts, etc.; mais il ne put rien obtenir.

Le 18 prairial, parut devant Malte une partie du convoi français, composée de 70 bâtiments de transport et de quelques frégates, qui attendaient le reste de l'armée que commandait Bonaparte. L'inquiétude augmenta parmi les chevaliers Maltais qui voulaient défendre l'île ; le sénéchal, qui était le prince Camille de Rohan, eut le commandement des milices : on mit sous ses ordres le bailli Thomasi, homme de mérite, mais qui n'avait jamais servi que sur mer, et le bailli de Cluny, brave homme, vieillard âgé de 72 ans. C'était avec de pareils chefs qu'on voulait combattre les jeunes et entreprenants généraux français.

Le 21 prairial, arriva le reste de l'armée et de l'escadre françaises, commandées par le célèbre Bonaparte, qui fit demander verbalement, à quatre heures après-midi, par le consul Caruson, que l'on reçût dans le port de Malte toute l'armée française, qui était composée de 18 vaisseaux de ligne, de 90 autres bâtiments de guerre, corvettes, frégates, chaloupes canonnières ou galiotes à bombes, et 300 bâtiments de transport qui portaient 50.000 hommes des meilleures troupes de France. Cette immense flotte s'étendait depuis le Goze jusqu'à Marsa-Scirocco, et menaçait, en même temps, tous les points attaquables.

Le Grand-Maître assembla le Conseil, qui répondit par une lettre dans laquelle on priait Bonaparte de mettre par écrit la demande qu'il faisait, lui faisant observer que les lois de l'Ordre et les règles de la neutralité ne permettaient pas de recevoir plus de quatre vaisseaux à la fois ; que la sûreté du port l'exigeait aussi ; le Conseil disait enfin que l'Ordre avait toujours été en paix avec la France, qui n'avait cessé de l'assurer de son amitié. Cette lettre fut remise au consul Caruson, qui la porta au général Bonaparte à bord du vaisseau *l'Orient* ; il lui remit aussi la liste des Maltais qui promettaient de se joindre aux Français. Le nombre de ces Maltais était de 4.000 : ils offraient de faire main basse sur les chevaliers, à la première bombe que Bonaparte ferait jeter sur la ville.

Quand, sur les 7 heures du soir, on vit à Malte que Bonaparte ne renvoyait pas le consul Caruson, alors on se prépara à se défendre. On croyait avec raison qu'on serait attaqué le lendemain. On ordonna de faire prendre les armes aux milices, de palissader et de transporter les poudres de la Cotonea dans la ville. Il y en avait plus de 10.000 barils. Le bailli de la Tour-Dupin, à qui on avait donné le commandement de la Cotonea, fut chargé des dispositions pour le transport de ces poudres; ce grand'croix prit avec lui 16 chevaliers qui rassemblèrent 200 portefaix et, le lendemain, à 4 heures du matin, ils commencèrent cette périlleuse opération.

Toutes les dispositions de défense se firent pendant la nuit. Pour protéger tous les points et 3 myriamètres de côte, à peine avait-on 7000 hommes, dont voici l'état : Régiment de Malte, 500 hommes; les gardes du grand-maître, 200; le bataillon des vaisseaux, 400; le bataillon des galères 300; à peu près 100 vieux canonniers; un corps de milice appelé chasseurs, 1.200; 1.200 matelots des galères et des vaisseaux qui servaient de canonniers; et 3000 hommes de très mauvaises milices qui furent dissipés dans la matinée du lendemain, total : 6.900 hommes.

Mais le lendemain, 22 prairial, Bonaparte débarqua à 4 heures du matin sur sept points, au Goze, au Cumin, à la Melicha, au Salmon, à Saint-Georges, à Saint-Julien et à la Tombella ; il n'éprouva aucune difficulté.

Les Maltais fuyaient comme des lièvres; 100 Français qui avaient débarqué à Saint-Julien, mirent en fuite le régiment de la milice de Birkarkera, qui était de 1.200 hommes. Le bailli Tomas voulut défendre le retranchement du Nasciar contre les Français qui avaient débarqué à la Melicha et à Saint-Paul, mais il fut tourné par un corps de Français qui avaient débarqué à Saint-Georges et à Saint-Julien; il fut abandonné par ses milices, et il eut bien de la peine à se retirer dans la ville. Le général français Vaubois marcha tout de suite sur la cité vieille, qui, n'ayant ni troupes, ni canons, ni vivres, ni commandant, lui ouvrit les portes à 9 heures du matin et, à 10 heures, toute la campagne, toutes les tours, excepté celle de Marsa-Scirocco, étaient au pouvoir des Français. La plupart des chevaliers qui étaient dans ces différents postes furent faits prisonniers et conduits à Bonaparte qui leur dit : « Comment pouviez-vous croire qu'il vous fût possible de vous défendre avec de misérables paysans contre les troupes qui ont vaincu et soumis l'Europe ! »

Les Maltais massacrèrent plusieurs chevaliers, MM. de Valin, de Montazet, de l'Ormi et d'Andelane, qui étaient de garde à la porte de la ville; ils en blessèrent plusieurs autres... A 11 heures du matin, on fit sortir du port une galère, une chaloupe canonnière et deux galiotes, pour tâcher d'inquiéter le débarquement que les Français faisaient à Saint-Julien : on leur avait donné vingt coups par canon; quand ils furent tirés, ils rentrèrent dans le port. On fit aussi une petite sortie du côté de la Victa ; mais les troupes ne tinrent pas un instant contre les tirailleurs français. Elles se sauvèrent dans les fortifications de la Floriane qui, n'ayant pas de canons, ne purent les protéger. A midi, il ne restait au service que 4000 hommes, dont la plupart étaient de mauvaise volonté. Avec cela, il fallait défendre la ville, les forts Mansel, Tignié, Ricasoli, Saint-Ange, Lacotoner, le Bruig et l'île de la Sangle. Si on avait bien voulu se défendre, il aurait fallu abandonner tous les ports qui étaient éloignés les uns des autres et même séparés par la mer, rassembler les 4000 hommes dans la ville, qui est très forte, en chasser tous ceux des habitants qu'on suspectait : de cette manière, on aurait pu tenir deux mois et attendre d'être secouru.

La ville se remplit de fuyards. Pendant le reste de la journée, les forts tirèrent les canons qui étaient en état, ce qui faisait du bruit, mais peu de mal aux Français. Sur les 9 heures du soir, les portes étant fermées, une terreur panique saisit le B. de S. T... qui abandonna son poste de l'île de la Sangle : il se réfugia avec ses officiers de vaisseaux dans la ville et fut obligé de rester longtemps à la porte... Dans la ville, il y avait une telle confusion, que les patrouilles se fusillèrent; il y avait continuellement de fausses alertes. A minuit, le tribunal de la Rote, les barons et les principaux habitants allèrent au Palais et dirent au grand-maître qu'il fallait capituler. Sur leur demande, il fit assembler le Conseil : il y fut décidé qu'on enverrait à Bonaparte le bailli de Saouza et Formosa, consul de Hollande, et qu'on ferait une suspension d'armes pour traiter de la capitulation... A ce conseil ne furent point appelés les baillis Georgao, Latour-Dupin, Saint-Quentin, Bellomont, du Tillet, Clugny et Tignié, qui se seraient opposés à la reddition.

Le 23 prairial, à 5 heures du matin, on reçut dans tous les forts l'ordre de ne plus tirer... Le chevalier Dupin se défendit à Marsa-Scirocco jusqu'à 5 heures du matin ; mais, n'ayant pas de vivres, il fit une capitulation honorable ; il rentra dans la ville avec sa garnison ; il y apprit avec le plus grand étonnement que la ville se rendait. Bonaparte ne fit point jeter de bombe ni tirer le canon contre la ville, parce que les Maltais conspirateurs étaient convenus de massacrer les chevaliers à ce signal et que Bonaparte n'a pas voulu se prêter à de pareils crimes. Il répondit au bailli de Saouza et au consul de Hollande qu'il entrerait dans la ville le 24 ; que pendant cet intervalle, il réglerait la manière dont il voulait traiter l'ordre, avec la médiation du chargé d'affaires d'Espagne.

C'est ainsi que Malte a été soumise : 30.000 fusils, 12.000 barils de poudre, des vivres pour six mois, deux vaisseaux, une frégate, trois galères et d'autres petits bâtiments de guerre ; pour 3 millions de francs en or et en argent qui étaient dans la sacristie de Saint-Jean, sont devenus la proie des Français. Ce fut Bos-Redon de Ransijeat, le chargé d'affaires d'Espagne et quelques Maltais qui ont fait et signé les arrangements pour l'ordre.

Le 24 prairial, avant que Bonaparte entrât dans la ville, il envoya le nommé Picault porter l'ordre à M. Ottara, ministre de Russie, de partir de Malte dans trois heures. Cet ordre regardait aussi les chevaliers russes. S. P. eut la permission de rester auprès du grand-maître. Celui-ci est parti le 29 prairial. Bos-Redon de Ransijeat est président de la municipalité ; B... est resté attaché à l'artillerie de la place de Malte ; T... qui était directeur du génie, a été fait chef de brigade ; il a suivi Bonaparte. Bonaparte fit dire qu'il donnerait de l'emploi à ceux des chevaliers qui voudraient aller avec lui ; 48 sont partis sous ses enseignes.

Le 1er messidor, l'armée française partit pour la grande expédition et, le lendemain, la sortie du port fut permise ».

Ces détails seront certainement trouvés appréciables. Cette prise de Malte ne servit-elle pas d'ailleurs de prologue marquant à l'expédition d'Egypte ?

Si Bonaparte attachait une importance capitale à cette situation de Malte, il en était bien de même de la part des Anglais. Nous verrons plus tard que s'y trouvant en forces, ils ne voulurent pas la rendre, malgré la foi des traités, estimant que ce qui est bon à prendre est bon à garder.

— Voici qui se rapporte à l'accusation qui pesa sur le Directoire, d'avoir envoyé Bonaparte en Egypte pour s'en débarrasser.

On lit en effet, dans *le Propagateur* du 15 brumaire an VII :

« Il est des gens qui ne négligent rien pour rendre le Directoire odieux et qui vont jusqu'à insinuer qu'il n'a envoyé Bonaparte outre mer que pour se débarrasser de la présence d'un général dont on redoutait la gloire et la renommée.

« Quoique, avant son départ, Bonaparte fût peu communicatif et que les travaux préparatoires de sa grande expédition absorbassent presque tous ses instants, il donnait aussi quelques moments à ses amis. Or, parmi tous ceux qui ont eu des relations avec lui, il n'en est aucun qui ne se souvienne de l'intérêt que ce général mettait à son expédition. Son œil naturellement sévère s'enflammait à la seule idée des grands destins qu'il présageait ; tout disparaissait devant la gloire de sa grande entreprise ; on sait avec quel zèle il répondait aux objections, il levait les difficultés, il aplanissait les obstacles ; or tout cet empressement n'est pas un signe bien frappant qu'il partît malgré lui ».

Ce jugement, on en conviendra, est bien en rapport avec le héros que nous connaissons.

— *Le Propagateur* du 19 brumaire donne la traduction de l'original cophte intitulé : *Cantique du Muphti des Cophtes*, qui fut chanté dans la grande mosquée du Caire, pour célébrer l'entrée de Bonaparte dans cette ville, à la tête des *braves de l'Occident*, le vingt-neuvième jour d'Epiphi, l'an 1212 de l'Hégire (5 thermidor an VI).

« Le grand *Allah* n'est plus irrité contre nous ! Il a oublié nos fautes assez punies par la longue oppression des mamelucks ! Chantons les miséricordes du grand *Allah* !

« Quel est celui qui a sauvé des dangers de la mer et de la fureur de ses ennemis le *favori de la victoire* ? Quel est celui qui a conduit sains et saufs sur les rives du Nil les *braves de l'Occident?* C'est le grand *Allah!* le grand *Allah* qui n'est plus irrité contre nous! Chantons les miséricordes du grand *Allah!* »

Ceci seul de cité, pour donner une idée de tout ce cantique, bien dans la note orientale.

— Dans *le Propagateur* du 29 brumaire an VII se trouvent de très curieux et très instructifs extraits de deux lettres.

Voici le premier, détaché d'une lettre qu'un aide de camp de l'armée française écrivait du Caire, le 28 fructidor an VI, à son père :

« Tout va au mieux ici; nous sommes entièrement débarrassés des mamelucks; Ibrahim-Bey est dans les déserts de la Syrie et Mourad-Bey dans la Haute-Egypte où il vient d'être battu complètement par le général Desaix.

« On fait des dispositions pour célébrer avec solennité l'anniversaire de la fondation de la République. Cette fête sera célébrée sur la place même où le général en chef est logé; il donnera ce jour-là un repas de cent couverts auquel assisteront tous les généraux, les chefs de corps et un grand nombre de Turcs de distinction. La fête commencera de grand matin; à huit heures du soir, il y aura des courses à pied et à cheval et la nuit un feu d'artifice.

« Le Nil est actuellement à sa plus grande hauteur; la plus grande partie des campagnes est inondée par ses eaux jusqu'à 15 ou 20 kilomètres de ses bords; aussi l'Egypte n'a-t-elle tout au plus que 4 myriamètres dans sa plus grande largeur, car où finit l'inondation, là commence le désert.

Je pars à l'instant pour aller joindre le général Desaix à une trentaine de myriamètres d'ici, en remontant le Nil. Le général m'a chargé d'une mission auprès de lui ».

Autre extrait d'une lettre du citoyen Jullien, commissaire des guerres à l'armée d'Orient, en date du 22 vendémiaire an VII :

« Je ne parlerai point de l'affaire d'Aboukir; je me borne à vous dire qu'une grande partie de nos marins a survécu à la perte de nos vaisseaux et que la flotte anglaise, quant aux hommes qui la composaient, a été aussi maltraitée que la nôtre. Les marins débarqués sont formés en *légion nautique* et utilisés pour les services de terre. Nos bâtiments de convoi, deux vaisseaux et sept à huit frégates sont en sûreté dans le port d'Alexandrie que bloquent en vain les Anglais, sans nous faire d'autre mal que de rendre difficiles les communications entre la France et notre armée.

« Nous avons été constamment vainqueurs dans tous les combats que nous avons livrés et ils ne nous ont coûté que peu de monde, quoique nous ayons cet hommage à rendre aux mamelucks, que leur valeur intrépide les rend supérieurs à toutes les troupes que nous avons eu à combattre en Europe. Mais les assassinats des Arabes bédouins ont souvent renouvelé les horreurs de la guerre de la Vendée et nous avons eu à regretter plusieurs de nos compatriotes surpris isolément et impitoyablement massacrés.

« Aujourd'hui, nous jouissons en paix de la tranquille possession de toute l'Egypte et il est même question d'une prochaine expédition en Syrie dont le succès ne peut être douteux.

« Le jour du 1ᵉʳ vendémiaire, le drapeau tricolore a été placé à la fois au sommet de la colonne de Pompée, des Pyramides, des remparts de l'ancienne et fameuse Thèbes et jusque sur les bords de la Mer Rouge. Tous les habitants portent la cocarde française ; les jeunes Mamelucks qui restaient dans l'Egypte, sont depuis l'âge de seize ans jusqu'à vingt-quatre, incorporés dans nos bataillons. Les commandements des différentes provinces sont partagés entre nos généraux qui ont établi des divans ou administrations dont les membres sont des naturels du pays. La religion a été inviolablement respectée et même nos soldats ont été souvent associés aux fêtes égyptiennes en l'honneur de Mahomet, ou pour célébrer la crue des eaux du Nil.

« On a eu les mêmes égards pour les préjugés nationaux et les usages relatifs aux femmes ; car les femmes et la religion sont deux choses qui inspirent aux habitants de ces contrées un véritable fanatisme. Dans ce moment, les représentants de chaque province sont réunis auprès du général en chef et le gouvernement nouveau paraît devoir s'organiser sous peu de temps.

« Vous n'ignorez pas qu'il y a aussi au Grand-Caire un Institut national composé en partie des savants les plus distingués envoyés à l'expédition.

« Notre armée, qui a beaucoup souffert des chaleurs excessives et des marches forcées dans les déserts et les sables, commence à jouir de la plus belle saison de l'année, l'automne et l'hiver

étant autrement doux dans ce climat où l'été seul est vraiment
insupportable.

« Je ne vous parlerai pas des projets sur la navigation de la
Mer Rouge, dont chacun s'entretient vaguement et que paraît
annoncer notre séjour à Suez.

« Les derniers événements intéressants sont le plein succès
de nos travaux pour rétablir le canal qui amène l'eau du Nil
dans Alexandrie ».

Ne voit-on pas dans ce qui précède le futur canal de Suez
pressenti?

Ce qu'il faut retenir encore, c'est cette habileté du vainqueur
qui consiste à respecter religion, mœurs et coutumes, chez les
vaincus.

Et enfin, tout en lisant ces lettres, ne semble-t-il pas vivre
cette mémorable campagne d'Egypte? Rien mieux que ces lettres,
en effet, ne reflète la vérité historique parce qu'elles sont écrites
sous le coup de l'impression et, par conséquent, sincèrement.

— Je vais donner la relation de la curieuse entrevue qui eut
lieu entre Bonaparte, membre de l'Institut National, général en
chef de l'armée d'Orient et plusieurs muphtis et imans, dans
l'intérieur de la grande pyramide, dite pyramide de Chéops :

« Ce jourd'hui, 5 thermidor de l'an VI de la République française une et indivisible, répondant au 28 de la lune de Muharem,
l'an de l'hégire 1213, le général en chef accompagné de plusieurs
officiers de l'état-major général de l'armée et de plusieurs membres de l'Institut National, s'est transporté à la grande pyramide dite de Chéops, dans l'intérieur de laquelle il était attendu
par plusieurs muphtis et imans 'chargés de lui en montrer la
construction intérieure. A 9 heures du matin, il est arrivé avec
sa troupe sur la croupe des montagnes de Gisch, au sud-ouest
de Memphis, Après avoir visité les cinq pyramides inférieures, il
s'est arrêté avec une attention particulière à la pyramide de
Chéops, dont les membres de l'Institut ont à l'instant déterminé,
par des mesures trigonométriques, la hauteur perpendiculaire.

« Cette hauteur s'est trouvée être d'environ 155 mètres, ce qui
est près du double de celle des monuments les plus élevés de
l'Europe. Le général et sa suite ayant pénétré dans l'intérieur
de la pyramide, ont trouvé d'abord un canal de 100 pieds de

long et de 3 pieds de large, qui les a conduits par une pente rapide, vers les salles qui servaient de tombeau au Pharaon qui érigea ce monument. Un second canal fort dégradé et remontant vers le sommet de la pyramide, les a menés successivement sur deux plates-formes et, de là, à une galerie voûtée de la longueur de 38 mètres, aboutissant au vestibule du tombeau. C'est une salle voûtée d'environ 10 mètres de long sur 5 de large, dans laquelle on remarque la place d'une momie qu'on croit avoir été l'épouse du Pharaon.

« On voit dans cette salle la trace des fouilles faites avec violence par les ordres d'un calife arabe, qui fit ouvrir la pyramide et qui croyait que ces lieux recélaient un trésor. L'effet des mêmes tentatives se remarque dans une seconde salle, perpendiculaire à la première et plus haute de 100 pieds, où l'on croit qu'était le corps du Pharaon. Cette dernière salle à laquelle le général est enfin parvenu, est à voûte plate, et longue de 32 pieds sur 16 de large et 19 de haut. On ignore ce que les Arabes spoliateurs découvrirent dans ce sanctuaire de la pyramide. Le général n'y a trouvé qu'une caisse de granit, d'environ 8 pieds de long sur 4 d'épaisseur, qui renfermait, sans doute, la momie du Pharaon. Il s'est assis sur le bloc de granit, a fait asseoir à ses côtés les muphtis et imans Suleiman, Ibrahim et Muhamed et il a eu avec eux, en présence de sa suite, une conversation qui s'inspirait des préceptes du Coran et démontrait l'admirable don d'assimilation et les multiples connaissances de Bonaparte. Je n'en donnerai que le commencement pour qu'on se fasse une idée du ton et de l'esprit de cette conversation :

« Bonaparte : Dieu est grand, et ses œuvres sont merveilleuses. Voici un grand ouvrage de main d'homme ! Quel était le but de celui qui fit construire cette pyramide ?

« Suleiman : C'était un puissant roi d'Egypte, dont on croit que le nom était Chéops. Il voulait empêcher que des sacrilèges ne vinssent troubler le repos de sa cendre.

« Bonaparte : Le grand Cyrus se fit enterrer en plein air, pour que son corps retournât aux éléments. Penses-tu qu'il ne fit pas mieux ? Le penses-tu ? — S. (s'inclinant) : Gloire à Dieu à qui toute gloire est due ! — B. Honneur à Allah ! Quel est le calife qui a fait ouvrir cette pyramide et troubler la cendre des morts ?

« Muhamed : On croit que c'est le commandeur des croyants

Mahmoud, qui régnait, il y a plusieurs siècles, à Bagdad, d'autres disent le renommé Haroum-al-Raschild (Dieu lui fasse la paix) qui croyait y trouver des trésors ; mais quand on fut entré par ses ordres dans cette salle, la tradition porte qu'on n'y trouva que des momies et sur le mur cette inscription en lettres d'or : « L'impie commettra l'iniquité sans fruit, mais non sans remords. »

« B. : Le pain dérobé par le méchant remplit sa bouche de gravier. — M. (s'inclinant) : C'est le propos de la sagesse. — B. : Gloire à Allah ! il n'y a point d'autre Dieu que Dieu ; Muhamed est son prophète et je suis de ses amis. — S. : Salut de paix sur l'envoyé de Dieu. Salut aussi sur toi, invincible général, favori de Muhamed. — B. : Muphti, je te remercie, le divin Coran fait les délices de mon esprit et l'attention de mes yeux. J'aime le prophète et je compte, avant qu'il soit peu, aller voir et honorer son tombeau dans la ville sacrée. Mais ma mission est auparavant d'exterminer les Mamelucks.

« Il y en aurait encore bien long à dire ; mais il convient de me limiter pour de l'histoire plus directe ».

(Le Propagateur des 6 et 7 frimaire an VII).

CHAPITRE II

L'Institut d'Egypte. — La flotte anglaise bloque les côtes d'Egypte. — Constantinople pouvant être un objectif. — Le gouvernement organisé en Egypte. — La défaite navale d'Aboukir ne fait pas perdre courage à Bonaparte. — Intéressants aperçus de l'architecte Lepère. — Bonaparte apporte la civilisation à l'Egypte. — La composition des membres de l'Institut d'Egypte. — Tallien reprend son métier de journaliste. — Fête nationale du 1er vendémiaire au Caire.

Ce ne fut pas un vain mot que la fondation, au Caire, d'un Institut semblable à l'Institut National. Les membres de ce dernier, venus en Egypte, s'étaient adjoint quelques-uns des savants et des artistes qui avaient suivi l'armée et même quelques militaires parmi lesquels on remarquait Kléber, Desaix, Regnier, Augereau et Caffarelli; l'aide de camp du général en chef, Salkosky et l'ordonnateur en chef Sucy y furent admis. Cet établissement avait un fort beau local où il devait être formé sous peu un jardin de botanique; on y voyait déjà le commencement d'une ménagerie; bientôt on devait y trouver bibliothèque, observatoire, cabinet de physique, laboratoire de chimie, salles d'antiquités, etc. Le citoyen Monge avait été élu président; Bonaparte, vice-président et le citoyen Fornier, secrétaire.

(*Le Progagateur* du 10 frimaire an VII).

On pouvait dire, au lieu de *cedant arma togæ*: *cedant arma scientiæ*.

— Toujours la flotte anglaise bloquant nos navires enfermés dans le vieux port d'Alexandrie, tandis que la Porte organise une importante armée en Syrie, pour résister à celle de Bonaparte.

On aimait alors à se livrer à des conjectures, et celles qui vont suivre ne sont évidemment pas dénuées de fondement.

Il est si facile et si commode, du fond de son cabinet, de conduire des armées, de leur assigner une direction plutôt qu'une autre, de pointer les canons sur le flanc droit de l'ennemi, au lieu du flanc gauche, de lancer la cavalerie sur le centre plutôt que sur les derrières de l'ennemi. On ne réussit pas : c'est imputable à ce qu'on n'a point compris son propre plan. Ah ! si l'on m'avait écouté ! s'écrie alors ce chef d'armée en chambre.

Tous les hommes instruits, dit *le Propagateur* du 11 frimaire, paraissent s'accorder dans la manière dont ils envisagent la situation actuelle de Bonaparte et celle de l'Empire Ottoman, par rapport à l'Egypte.

Voici qui peut servir de quintessence observatrice : comme le tiers de l'armée de Bonaparte doit suffire à contenir l'Egypte, il pourra, avec le surplus, renforcé par les Arabes et par les Mamelucks mêmes, que l'espoir du butin peut attirer sous ses drapeaux, il pourra, s'il s'y voit forcé par les mesures hostiles de la Porte, descendre en Syrie et s'emparer de cette belle partie de la Turquie asiatique.

D'ailleurs, Bonaparte trouvera pour alliés, dans cette même Syrie, la belliqueuse nation des Druses, qui habitent les vastes chaines et les riches vallons du Liban et de l'Anti-Liban. Cette nation guerrière a toujours défendu sa liberté avec succès contre les Turcs et a bravé, depuis des siècles, leur puissance, quoiqu'elle soit au centre même de leur empire. Gouvernée par des émirs ou chefs qu'elle choisit elle-même, et ennemie née des Turcs, elle s'empressera de se réunir à l'armée de Bonaparte, surtout si on lui promet désormais l'indépendance la plus absolue et si on lui accorde quelques avantages de territoire et de places qui peuvent être à sa convenance.

Alors Bonaparte, réunissant à ses troupes 20 à 30.000 de ces braves guerriers, accoutumés à combattre et à vaincre les Turcs, peut, à la tête de cette formidable armée, passer dans l'Anatolie et marcher sur Constantinople.

Alors la Grèce, la Thrace et la Macédoine se soulèveront, et l'Empire Ottoman sera renversé.

Que cette partie du programme, qui était bien dans l'esprit de Bonaparte, ne s'est-elle réalisée ! Il pouvait s'en suivre toute une rénovation mondiale, me prends-je à penser à mon tour.

En attendant, qu'avait fait Bonaparte avant de quitter le Grand-Caire ? Il y avait organisé un gouvernement semblable à celui des nouvelles Républiques d'Europe : il y avait un Directoire de cinq membres, et les administrations respectives avaient été installées dans les différents cantons. Les Français avaient bâti de toute part des forts semblables à ceux d'Europe ; ils avaient dégagé les canaux qui portaient les eaux du Nil dans les citernes d'Alexandrie, et les habitants de ces contrées ne cessaient d'admirer les auteurs de tant de bienfaits, le génie d'un homme, en un mot.

Voilà qui fait penser à un passage de mon Introduction. Quand Bonaparte assista à la fête de l'anniversaire de la naissance de Mahomet, il prit le costume oriental et se déclara le protecteur de toutes les religions. Aussi, l'appelait-on dans le pays Ali-Bonaparte. (*Le Propagateur* du 13 frimaire, an VII).

— Passons à une instructive lettre, en date, à Alexandrie, du 10 fructidor, an VI, lettre que je trouve dans *le Propagateur* du 17 frimaire, an VII. Bien que d'un caractère un peu rétrospectif, elle offre beaucoup d'intérêt : elle est adressée au citoyen Beytz, représentant du peuple au Conseil des Cinq-Cents :

« J'ignore, citoyen et ami, si mes précédentes vous seront parvenues, notamment ma lettre du 12 thermidor, qui vous annonçait la prise du Caire ; mais j'ai bien des raisons d'en douter.

« Au milieu de beaucoup de contrariétés, minés journellement par de petits revers ou plutôt par une foule d'assassinats ; toujours sur l'éveil vis-à-vis des peuples qui méconnaissent les bienfaits de la liberté et dont l'ignorante superstition nous menace sans cesse ; obligés d'user envers eux de tous les ménagements qu'une invasion qui n'a point été travaillée d'avance doit exiger, et réduits encore à une pénurie de subsistances, qui ne s'arrachent qu'à force d'argent ; au milieu de ces contrariétés, dis-je, les succès de Bonaparte, la fécondité de ses ressources et son imperturbabilité nous tranquillisaient, soutenaient notre patience, échauffaient notre courage et nous flattaient de l'espoir d'une perspective plus consolante, lorsque la malheureuse affaire du 14 thermidor est venue nous accabler.

« Le général Bonaparte était au Caire : sa tête, comme sa fortune, manquaient à notre escadre, et il a été d'autant plus accablé de la catastrophe, que cette affaire ne se serait pas engagée si l'amiral avait été plus ardent, plus disposé à remplir ses intentions, qui étaient de faire entrer les vaisseaux dans le port vieux d'Alexandrie, où sont tous les bâtiments du convoi. Les passes étaient déterminées depuis quinze jours, mais des spéculations de vanité, etc., s'opposaient à cette mesure, et voilà, comme toujours de misérables considérations nuisent à la chose publique. Cependant, on ne peut disconvenir que Brueys — qui est mort en héros, qui, après trois blessures consécutives, n'a quitté le pont que lorsqu'un boulet l'a séparé en deux — est devenu la bête noire sur laquelle on décharge tous les torts.

« Il faut du courage et de la résignation, cher ami : c'est tout ce que notre position exige. Nous nous fortifions autant qu'il est possible à Alexandrie. Cinquante pièces de canons de 24, avec huit grilles à boulets rouges et vingt mortiers, défendent les différentes branches du port ; et l'on a couronné, du côté de la terre, les monticules des enceintes des Sarrasins, d'ouvrages faits avec art et soin, et garnis de 80 pièces de campagne. Notre général en chef fait fortifier également Damiette et quelques autres postes importants.

« Nous sommes fort occupés pour le plan d'Alexandrie. Nous n'avons toujours point d'organisation, mais j'entrevois que nous formerons (à nous ingénieurs), trois brigades, dont les citoyens Girard, Bodard et moi serons les chefs. Une restera attachée au port d'Alexandrie, et les deux autres seront chargées de projets relatifs au Nil et à sa jonction à la Mer Rouge. J'aurai quelque droit, comme ancien d'âge et de grade, à choisir l'opération la plus marquante.

« *Signé :* LEPÈRE. »

« P. S. — Nous avons, au Caire, une gazette, sous le titre : *Courrier d'Égypte*, qui est rédigée par le citoyen Marc-Aurèle. Les nouvelles du dehors, s'il n'en forge, n'occuperont pas une grande étendue, et il faudra qu'il se borne à parler de nous-mêmes, ce qui est toujours une petite consolation, étant aussi éparpillés que nous le sommes. »

Tout se passait donc en Égypte comme pour une conquête à garder : il n'en fut rien. Tout comme l'Algérie, plus tard, ce pays était cependant tout aussi bon à garder qu'à prendre.

Le signataire de la charmante lettre qui précède fut un architecte de talent, à qui l'on dut plus tard, conjointement avec son collègue Gondouin, l'élévation de la colonne de la place Vendôme. Il fut l'architecte de la Malmaison, de Saint-Cloud et de Fontainebleau.

— J'y faisais déjà allusion tout à l'heure : on croyait bien, en effet, à l'époque, à l'Égypte colonie permanente. Cet extrait savant du *Courrier d'Égypte* le prouve surabondamment. Bonaparte s'y prenait, du reste, fort bien :

« Les Français, dont le projet paraît être aujourd'hui de faire de l'Egypte une colonie permanente, s'occupent à bâtir une ville nouvelle dans le *Delta*, au milieu d'une espèce d'île qui peut avoir 90 milles de circonférence. Cette île, qui se trouve inondée par la crue périodique du Nil, et fécondée par le limon qu'y déposent les eaux du fleuve, est extrêmement fertile dans toute son étendue; elle offre la place pour recevoir les fondements d'une ville, que la suite du temps peut rendre très florissante. Les Français ont senti toutes les ressources qu'offrait cette situation, et en ont profité. Cette ville nouvelle, qui n'a pas encore de nom, sera le point qui unira les deux parties de l'Egypte.

« C'est un spectacle vraiment inspirant de voir le pavillon tricolore, cet emblème de la liberté et de la puissance des Français, flotter sur cette terre antique, où la plupart des nations ont puisé leurs connaissances et leurs lois. Depuis Alexandrie jusqu'à Thèbes, et depuis Thèbes jusqu'aux bords de la Mer Rouge, tout reconnaît la domination française. Il n'y a pas de jours que les habitants de ces contrées ne se réjouissent d'avoir vu briser le joug des Beys et des Mamelucks. Tous les jeunes gens prennent avec plaisir le parti des armes et grossissent ainsi l'armée des Républicains.

« Le quartier-général est toujours au Caire ; c'est là que Bonaparte s'occupe, sans relâche, du gouvernement du pays qu'il a conquis. Après en avoir réglé la forme et avoir établi une administration centrale au Caire, il a appelé auprès de lui les députés de tous les cantons de l'Egypte, nommés par le peuple, dont il a formé une espèce d'assemblée nationale, à laquelle il a soumis ses opérations et dont il a demandé les avis concernant les arts, le commerce et les productions territoriales. Chaque province de l'Egypte est sous les ordres d'un général français, qui a l'inspection sur un divan, ou administration provinciale, composée d'habitants du pays, au choix du général. Les Français et les Egyptiens vivent dans la meilleure union, tant Bonaparte a su faire observer une discipline rigoureuse à ses troupes, qui, sur son exemple, ont respecté les coutumes, la religion et les préjugés du peuple vaincu. »

Le passage de Bonaparte, dirai-je à mon tour, a si bien laissé sa trace, qu'aujourd'hui encore se ressent en Egypte l'influence française, et ce, même malgré l'occupation anglaise. Napoléon III, peut-être hanté par le souvenir des hauts faits de son oncle, fut bien inspiré en en refaisant déjà la conquête morale, lors du percement de l'isthme de Suez, en attendant sans doute la conquête matérielle. Une orientation différente fut suivie depuis, que je ne jugerai point, mais qui a fait que nous ne pouvons plus dire que nous avons encore un pied en Egypte.

— Peut-être aurait-on pour agréable de connaître les noms des membres qui composaient l'Institut d'Egypte :

Mathématiques. — Andreossi, Bonaparte, Costaz, Fourier, Girard, Lepère, Leroi, Malus, Monge, Nouet, Quesnot, Say.

Physique. — Berthollet, Champy, Conté, Delille, Descotilo, Desgenettes, Dolomieu, Dubois, Geoffroy, Savigny.

Economie Politique. — Cafarelli, Gloutier, Poussielgue, Shulkowski, Sucy, Tallien.

Littérature et Arts. — Denon, Dutertre, Norry, Parseval, Redouté, Rigel, Venture, D. Raphaël (prêtre grec).

Aussi bien pouvons-nous rencontrer l'un ou l'autre de ces noms dans le cours de mon récit, et ce sera, par là même, s'en pénétrer mieux.

— Je lis dans *le Propagateur* du 30 frimaire, an VII :

Bonaparte a fait mettre, le 14 fructidor, à l'ordre de l'armée d'Egypte :

« Le général en chef ordonne qu'il soit donné à une des principales rues du Caire, le nom de Petit-Thouars... » Et, quelques lignes plus bas : « La *Décade Egyptienne* est rédigée par Tallien et imprimée au Caire par Orry. »

Tallien, redevenu journaliste, rappelle ce vers de Juvénal :

Si fortuna volet fies de consule rhetor.

Qui l'eût dit, alors que la France reconnaissante le proclamait son libérateur (il renversa la Terreur en renversant Robespierre) que bientôt, loin de son pays, sur les bords du Nil, il reprendrait son premier métier de journaliste ? Pourra-t-il retourner encore une fois la médaille et redevenir... *de rhetore consul ?*

Ce n'était, en effet, point banal.

— Une fête nationale célébrée en Egypte devait présenter beaucoup de pittoresque. C'est pourquoi je ne puis résister au désir de donner les détails de la fête du 1er vendémiaire, pour l'anniversaire de la fondation de la République, trouvés dans *le Propagateur* du 5 nivôse, an VII :

« Le 5ᵉ jour complémentaire, au soleil couchant, la fête fut annoncée par trois salves d'artillerie.

Le lendemain, au lever du soleil, trois autres salves, répétées par toute l'artillerie des divisions, par celles du parc et de la marine, furent le signal du commencement de la fête.

Aussitôt, la générale battit dans la ville ; toutes les troupes, dans la plus grande tenue, prirent les armes et se rendirent sur la place d'Elbecquier.

Là, avait été tracé un cirque de 200 toises de diamètre, dont le pourtour était formé par 105 colonnes décorées d'un drapeau tricolore, portant le nom de chacun des départements de la République. Ces colonnes étaient réunies par une double guirlande, emblème de l'unité et de l'indivisibilité de toutes les parties de la France Républicaine.

L'une des entrées du cirque était décorée par un arc de triomphe, sur lequel était représentée la bataille des Pyramides. L'autre l'était par un portique, au-dessus duquel on avait placé des inscriptions arabes. L'une d'elles était ainsi conçue : *Il n'y a de Dieu que Dieu et Mahomet est son Prophète !*

Au milieu de ce cirque, s'élevait un obélisque de granit, de 70 pieds de hauteur. Sur l'une de ses faces était gravé en lettres d'or : *A la République Française, l'an VII*. Sur celle opposée : *A l'expulsion des Mamelucks, l'an VI*. Sur les côtés latéraux, les deux inscriptions étaient traduites en arabe.

Des bas-reliefs ornaient le piédestal de cet obélisque. Sur le tertre environnant, sept autels de forme antique, entremêlés de candélabres, supportaient des trophées d'armes surmontés de drapeaux tricolores et de couronnes civiques ; au milieu de chacun de ces trophées était placée la liste des braves de chaque division, morts en délivrant l'Egypte du despotisme des Mamelucks.

Lorsque toutes les troupes furent réunies sur la place d'Elbecquier, le général en chef s'y rendit, accompagné de l'Etat-Major général, des généraux de division, de leur état-major, du commissaire-ordonnateur en chef, des commissions des guerres, des administrations, des artistes et des savants, ainsi que du Kiaya du Pacha, de l'Emir Adji et des membres du Divan, tant du Caire que des provinces.

Le général en chef et son cortège vinrent se placer sur la plateforme environnant l'obélisque. De superbes tapis couvraient le tertre. Toutes les musiques des demi-brigades réunies exécutèrent des marches guerrières et firent entendre ces airs patriotiques, ces chants de la victoire si chers à tous les républicains.

Les troupes, après avoir exécuté avec la plus étonnante précision les manœuvres et exercices à feu ordonnés par le général en chef, vinrent se ranger autour de l'obélisque.

Un adjudant-général donna la lecture de la proclamation du général en chef : elle fut écoutée dans le plus grand silence et accueillie par les cris mille fois répétés de : *Vive la République !*

L'orchestre exécuta ensuite un hymne de la composition du citoyen Perseval, musique du citoyen Riguel, ainsi que la *Marche des Marseillais, le Chant du Départ* et autres airs patriotiques. Toutes les troupes défilèrent ensuite, dans le plus grand ordre, devant le général en chef, qui se retira au quartier général, accompagné comme il l'avait été en se rendant sur la place.

Tout l'état-major, tous les généraux, tous les chefs de corps, les employés des administrations, les Arabes, les savants, le kiaya du Pacha, l'Emir, les membres du Divan, tant du Caire que des provinces, les agas et commandants turcs, avaient été invités à dîner par le général en chef.

Une table de 150 couverts, somptueusement servie, était dressée dans la salle basse de la maison qu'il occupe. Les couleurs françaises étaient unies aux couleurs turques ; le bonnet de la Liberté et le Croissant, la Table des Droits de l'Homme et l'Alcoran se trouvaient sur la même ligne. La gaieté française était modérée par la gravité turque. On laissa aux Musulmans la liberté des mets, des boissons, et ils parurent très satisfaits des égards que l'on eut pour eux.

Au dessert, plusieurs toasts furent portés. Voici les principaux :

Le général en chef. — A l'an 500 de la République Française !

Un de ses aides de camp. — Au Corps Législatif et au Directoire Exécutif !

Le citoyen Monge, président de l'Institut d'Égypte. — Au perfectionnement de l'esprit humain, au progrès des lumières !

Le général Berthier. — A l'expulsion des Mamelucks, au bonheur du peuple d'Egypte !

Chacun de ces toasts fut accueilli par les applaudissements de tous les convives et, chaque fois, la musique exécutait des airs analogues. Des couplets patriotiques, chantés par des militaires, terminèrent ce banquet civique.

A quatre heures, les courses commencèrent.

Les courses de chevaux étaient attendues avec grande impatience par tous les spectateurs : chacun désirait voir les chevaux français disputer le prix avec les chevaux arabes. La réputation des derniers était grande, mais ce jour devait la voir détruire. L'espace à parcourir était de 1.350 toises. Au signal donné, six chevaux, dont cinq arabes, s'élancèrent dans la carrière : le cheval français eut constamment l'avantage sur les autres. Il arriva le premier au but, sans être fatigué, tandis que les autres étaient hors d'haleine. En conséquence, le premier prix fut donné au citoyen Sucy, commissaire-ordonnateur en chef, propriétaire du cheval, qui avait parcouru l'espace déterminé en quatre minutes.

Le second prix, au général Berthier, propriétaire d'un cheval arabe arrivé le second au but, ayant mis, pour parcourir l'espace déterminé, quatre minutes dix secondes.

Le troisième, au citoyen Junot, aide de camp du général en chef, propriétaire d'un cheval arabe, arrivé le troisième au but, ayant employé, pour parcourir l'espace, quatre minutes quinze secondes.

Les vainqueurs des courses furent promenés en triomphe autour du cirque.

Lorsque le jour eut cessé, tout le pourtour du cirque fut illuminé de la manière la plus brillante. Les guirlandes, les colonnes, l'arc de triomphe, étaient reproduits par des lampions qui faisaient le meilleur effet. Les Turcs entendent fort bien ce genre de décoration, et on les avait chargés de cette partie de la fête.

A huit heures, on tira un feu d'artifice d'une belle composition. Des décharges nombreuses de mousqueterie et d'artillerie ajoutaient à la beauté du spectacle. Un nombre considérable de dames turques remplissaient les maisons qui forment le contour de la place Elbecquier. Les Français qui s'y trouvèrent eurent pour elles les attentions, les prévenances qui caractérisent spécialement notre nation. Elles parurent ne pas répugner à connaître la différence qui existe entre nos habitudes sociales et les leurs.

Les Turcs ont été amenés par le nombre et la bonne tenue de l'armée ; la précision avec laquelle les exercices à feu ont été exécutés et l'artillerie servie, les a fortement frappés. Il est certain que le coup d'œil que présentait la réunion des divisions était des plus agréables, même pour les Français habitués à en jouir souvent. Toutes les armes étaient de la plus grande propreté, et plusieurs demi-brigades étaient habillées de neuf. Tout s'est passé dans le plus grand ordre. »

Ce récit offre en lui-même d'intéressants renseignements historiques. Cette fête, en outre, présentait un pittoresque, un grandiose, un brillant que n'auraient pas atteint même les plus somptueuses fêtes publiques de la Métropole. Et ce toast de Bonaparte : *A l'An 500 de la République !* ne laisse-t-il pas rêveur ?... Ce faisant, ne donnait-il pas raison au proverbe : « L'homme propose, Dieu dispose », et que le Bonaparte d'hier, à ce moment même, était loin de songer au Napoléon de demain ?

Et ces détails de courses n'ont-ils pas lieu, eux aussi, d'intéresser les plus ardents sportsmen de nos jours ?

Puisque nous sommes dans les fêtes en Egypte, disons encore qu'une commission, composée d'artistes, était chargée d'établir au Caire une salle de spectacle. Un concert allait aussi s'ouvrir, sous la direction du citoyen Riguel. Des lieux de réunion pour les soirées allaient être préparés ; des feux d'artifice devaient être donnés dans de vastes jardins.

On ne pouvait mieux présider aux divertissements d'une armée d'occupation.

CHAPITRE III

Une lettre piquante à propos des femmes en Égypte. — Une révolte au Caire. — Le général Desaix dans la Haute Égypte. — La Presse reptilienne d'alors. — Bonaparte porte le théâtre de la guerre en Syrie. — On forme une légion de dromadaires. — Bonaparte et les Juifs. — Le citoyen Norry à la Société Philotechnique de Paris. — Où l'on accuse encore une fois le Directoire. — L'insuccès devant St-Jean-d'Acre, dans l'esprit de certains, se retourne contre Bonaparte et le fait modifier son plan et revenir sur ses pas, non sans infliger, sur son chemin, de sérieuses défaites aux Turcs.

Je ne puis résister au désir de citer cette lettre piquante, que je trouve dans *le Propagateur* du 13 nivôse, an VII.

Extrait d'une lettre écrite du Caire par un des savants attachés à l'expédition d'Egypte :

« Dans ce pays-ci, les femmes sont invisibles : elles ne paraissent dans les rues qu'avec un masque. Ici, la femme paraît convaincue qu'elle est d'une espèce inférieure à l'homme et, dans le fait, elle n'en est que la servante. Les femmes des particuliers les plus riches travaillent à la cuisine ; ce sont des femmes qui portent le mortier et les matériaux aux maçons, toujours avec leur masque sur la figure. De ma vie, je n'ai vu chose aussi dégoûtante.

Ces femmes, qui n'osent paraître dans les rues que le visage voilé, y ont été jusqu'à l'âge de dix ans entièrement nues. Tous les jours, nous rencontrons des filles de cet âge sans aucun vêtement ; elles ne rougissent pas, elles ne font rougir personne. Qu'en diront les gens qui soutiennent que la pudeur est un sentiment inné ? D'après ce que nous voyons, on est tenté de croire que c'est une institution arbitraire, une pure convention dont l'objet varie dans les divers pays. Ici, c'est un crime contre cette vertu que de montrer son visage ; c'est une indécence de laisser voir la main ; on ne prend aucun soin pour cacher la poitrine et les autres parties du corps. »

Le Propagateur ne nous dit pas quel est le nom de ce savant.

— Une nouvelle lettre, empruntée au *Propagateur* du 27 nivôse, an VII, en date du 19 brumaire, et émanant également d'un
savant attaché à l'expédition. Aussi bien, elle constitue un excellent résumé d'histoire :

« Depuis la défaite de notre flotte, les Anglais bloquent la rade
d'Alexandrie. Depuis douze à quinze jours, les Russes et les Turcs
ont paru avec eux devant le port.

Le 15 au soir, un frère de Bonaparte est parti, pour aller porter en France des paquets, des nouvelles, des instructions et des
drapeaux pris dans les batailles jusqu'ici livrées. Aujourd'hui ou
demain, un autre navire met en mer pour le gouvernement ; il
vous portera des nouvelles de notre armée. Je vais, de mon
côté, vous donner quelques détails.

Les Turcs, étonnés de notre invasion, et plutôt vaincus que
soumis, ne peuvent s'accoutumer à recevoir la loi de ce qu'ils
appellent des *infidèles*. Ils ont dissimulé dans les premiers mois ;
mais depuis qu'ils connaissent la déclaration de guerre de la Porte
Ottomane, ils fomentent des troubles. Heureusement que cette
nation se trouve mêlée de Grecs, de Juifs, de Cophtes, de Français. De là, une défiance et une division qui atténuent les entre-
prises qu'ils méditent dans leurs temples, où personne ne pénètre.

Ils sont cependant parvenus, le 30 vendémiaire, à faire éclater
au Caire une révolte qui a duré près de deux jours. Ils avaient
porté leurs forces sur plusieurs points de la ville ; mais la troupe
a réduit les uns et poursuivi les autres. Elle en a passé au fil
de l'épée 1.500 qui s'étaient retirés dans une mosquée, d'où ils
tiraient sur elle. On évalue le nombre des rebelles morts à deux
ou trois mille : ils nous ont tué ou assassiné environ 200 hommes,
entre autres le général Dupuis, qui commandait la place du Caire ;
l'aide de camp Sulkouski, et plusieurs ingénieurs des ponts et
chaussées, assaillis dans la maison du général Caffarelli-Dufalga,
chez qui on avait déposé, depuis quelques jours, tous les instruments de physique. Caffarelli ne s'est pas trouvé chez lui, non
plus que le citoyen Say ; ainsi, il ne leur est rien arrivé. Quant
aux savants et aux artistes, comme ils habitent un quartier du
Caire assez éloigné du centre, ils n'ont point été attaqués. Le
général en chef leur avait envoyé des armes ; ils ont pris le
mousquet et attendu de pied ferme les événements.

Les Grecs n'ont point participé à la sédition. Quelques centaines d'entre eux, au contraire, ont pris les armes contre les Turcs et se sont bien battus. Une chose digne de remarque, c'est que, ces mêmes jours, on égorgeait des Français qui descendaient la branche droite du Nil sur quelques barques ; qu'il y avait des soulèvements dans le Delta, et que les Anglais, les Russes et les Turcs réunis, faisaient des démonstrations d'attaques sur Alexandrie, où la bonne contenance de la garnison et l'armement de tous les Français a tout contenu et tout empêché.

J'avais quitté le Caire la veille de la sédition ; je descendais la branche du Nil où il n'arrive guère de malheurs. Cependant, en traversant le désert depuis Rosette jusqu'à Aboukir, notre caravane fut attaquée par les Arabes-Bédouins, et il fallut faire le coup de fusil. Nous nous défendîmes avec succès, et nous continuâmes notre route. Ces accidents ont atteint plusieurs de mes collègues de la Commission des Arts et des Sciences : un professeur de langue et un peintre ont ainsi péri ; d'autres ont échappé comme par miracle.

Du reste, nous sommes ici sous un beau climat. Excepté pour le vin, qui nous manque entièrement, nous vivons dans une assez grande abondance et à bon marché. Les diverses positions de notre armée favorisent la circulation de presque toutes les parties de l'Egypte, dont nous nous trouvons réellement en possession ; car nous tenons, par des ouvrages, les passages de Syrie. Le désert nous sert de bornes de l'autre côté, et le général Desaix occupe la Haute-Egypte, où il poursuit Mourad-Bey, qui s'y est réfugié avec le reste de ses Mamelucks, et qui vient d'être culbuté dans une dernière bataille que le général lui a livrée. Quant à Ibrahim-Bey, il s'est retiré à Gaza, vers la Syrie, avec ses femmes, ses trésors et quelques troupes. Mais il n'y fait aucun mouvement ; nous pouvons donc regarder les opérations comme terminées pour le moment, à moins que le Turc ne vienne au printemps, par la Syrie, combiner quelques opérations avec la flotte qui est devant Damiette et Alexandrie. Le général en chef paraît ici dans la plus grande sécurité, et son exemple donne du courage à tous. »

Il est fait évidemment allusion, à propos de Desaix, à la bataille de Sédiman qui, avec la précédente bataille des Pyramides, finissait d'écraser les Mamelucks.

— Un peu de presse reptilienne. Je vois dans *le Propagateur* du 10 germinal, an VII, que les gazettes allemandes, dont les mensonges n'ont pu tuer Bonaparte, l'attaquent aujourd'hui avec l'arme de la calomnie, en faisant courir le bruit qu'il s'est déclaré sultan d'Egypte.

— Bonaparte vient de porter le théâtre de la guerre en Syrie, ayant envoyé le général Kléber, avec 15.000 hommes, à travers l'isthme de Suez, tandis qu'il s'emparait de la ville de Gaza, en Palestine. Il annonce le dessein de s'emparer de la Syrie, pour répondre à la déclaration de guerre de la Porte Ottomane et à ses armées en marche.

— Un passage d'une lettre d'Alexandrie, en date du 12 pluviôse, écrite par un officier du génie à son père *(Propagateur du 8 floréal, an VII)*, démontre bien que, dans beaucoup d'esprits, l'objectif de Bonaparte devait être de gagner les Indes. Si je cite assez fréquemment des extraits de lettres, c'est parce qu'elles sont toujours attachantes et, plus que quoi que ce soit, la chose vue et vécue :

« ... On vient de former une légion de dromadaires : ce sont des chameaux d'une vélocité extraordinaire et capables de faire 15 myriamètres en un jour ; avec de pareils animaux, les distances les plus énormes disparaissent, ou deviennent faciles à surmonter : franchira-t-on celles qui nous séparent des Indes ? C'est là le seul moyen de prendre une part active à la guerre qui embrase l'Europe. Dans tout autre cas, nous ne sommes que spectateurs, et c'est le dernier rôle que Bonaparte veuille jouer. »

— Bonaparte était loin d'être antisémite, si j'en crois cet entrefilet du *Propagateur* du 3 prairial, an VII :

« On écrit de Constantinople, le 28 germinal :

Bonaparte a fait publier une proclamation dans laquelle il invite tous les Juifs de l'Asie et de l'Afrique à venir se ranger sous ses drapeaux, pour rétablir l'ancienne Jérusalem. Il en a déjà armé un grand nombre, et leurs bataillons menacent Alep. »

— Nous lisons dans *le Propagateur* du 22 prairial, an VII :

« Dans la dernière séance de la Société Philotechnique, le citoyen Norry, architecte, l'un des artistes employés dans l'expédition d'Egypte et de retour en France depuis peu de temps, a lu la première partie de la relation de son voyage. On a entendu avec un grand intérêt le témoin oculaire du courage de nos guerriers, de la défaite des Mamelucks et des infatigables travaux de Bonaparte. On a surtout vivement applaudi à ce mot du général français, après le combat naval d'Aboukir : « Eh bien, nous ferons de plus grandes choses ! »

— *Journal Politique* du 12 messidor, an VII. — On voulut certainement voir que la déportation de Bonaparte et de son armée en Egypte fut le crime d'intrigants ; que c'est par les cabinets des puissances coalisées que cette démarche inconsidérée avait été suggérée au Directoire Français, qui s'y serait d'autant mieux prêté qu'on avait su lui inspirer de l'ombrage des grands talents et de la popularité du jeune héros. On estime enfin que la déportation de Bonaparte et de son armée était tellement une affaire de calcul et de politique par les puissances coalisées, qu'elles avaient permis cette expédition parce qu'il était certain que si la Cour de Londres l'avait voulu, l'escadre et le convoi de Bonaparte ne fussent jamais sortis des ports de la Méditerranée.

En tout cas, l'Angleterre fit bien tout ce qu'elle put pour détruire la flotte française, une fois arrivée à destination, témoin le désastre d'Aboukir, qui porta, malgré tout, un grand coup à Bonaparte. Faire tête à la marine anglaise eût été son rêve ; mais il ne céda pas longtemps à cet instant de découragement. On le vit bien ensuite.

— *Journal Politique* du 14 thermidor, an VII. — Que voilà bien les hommes ! Parce que Bonaparte avait été obligé de lever le siège d'Acre, jugé définitivement par lui trop meurtrier, à cause de la peste et de la défense héroïque des Turcs (qu'on se rappelle, de nos jours, leur vaillante résistance contre les Russes à la bataille de Plewna) ; parce qu'il avait opéré sa retraite sur Jaffa, de se dire, un certain nombre du moins : que savons-nous de la situation de ce général et de ses guerriers « philosophes ? » Rien ou autant vaut. Presque tout ce qu'on raconte à ce sujet depuis un mois — on ne tenait pas compte des magnifiques résultats antérieurs — ressemble à un chapitre des mille et une nuits.

Vienne nous envoie ses relations, on en fabrique à Paris ; les gazettes recueillent ces amphigouris, le public crédule les médite, le public sensé rit et attend.

D'une part, on fait arriver des bulletins de Constantinople qui, un jour, annoncent le massacre général des Français ; le lende-

main, ils les ressuscitent, pour les faire tailler en pièces par
Mourad-Bey.

A Paris, au contraire, on nous présente Bonaparte à la fois
Numa et Alexandre, conquérant et législateur, exterminant le
matin 10.000 Musulmans dans une mosquée, et dictant, le soir,
des questions de physique à l'Institut National ; catéchisant des
Muphtis et passant sa vie gaîment en parodies politiques, religieuses et académiques, sans autre trouble que celui d'éventrer,
de temps à autre, quelques milliers d'Arabes, pour diversifier la
scène.

Jamais on ne s'est moqué du pauvre genre humain avec moins
d'esprit que ne font les relateurs de Constantinople et de Paris.
Les dupes, qui prennent au sérieux toutes ces facéties et qui les
ornent de longs commentaires, ont assurément beaucoup de temps
de reste.

Ansi qu'on le voit, on ne peut être plus amène.

Il est évident que cet insuccès et cet arrêt devant Acre fit complètement modifier le plan conçu par Bonaparte; car ses intelligences dans la Palestine et la Syrie lui eussent permis, réuni aux
Arabes Muhabis, aux Maronites et aux Druses, déjà sous les armes,
de traverser sans opposition l'Asie-Mineure, d'arriver à Scutari
et de menacer Constantinople.

Toutefois, cet insuccès ne fut que momentané, ou du moins,
il ne fit que faire renoncer Bonaparte à la continuation de son
premier plan. Les Turcs l'ayant suivi dans sa retraite, il leur in-
fligea plusieurs grandes défaites à Jaffa, à Mont-Thabor et à
Aboukir.

C'est vers d'autres destins qu'il allait se diriger. Mais, quoique
cette conquête d'Egypte n'ait été qu'éphémère, il n'en ressortira
pas moins, pour la postérité, tout ce qu'a fait ce grand génie
pour l'Egypte en soumettant les Mamelucks, matant les Arabes,
refoulant les Turcs, réduisant à l'impuissance ces beys qui oppri-
maient ces malheureux peuples, apportant la lumière, la civilisation, là où il n'y avait que superstition ; opérant la diffusion des
sciences dans ces contrées, plutôt désertes et sauvages ; s'atta-
chant enfin ces peuples grâce au respect qu'il eut pour leurs
opinions, leurs préjugés, leur croyance religieuse ; s'efforçant
enfin de les rendre des pays libres et civilisés.

Quoi donc de plus admirable !...

DEUXIÈME PARTIE

Le 18 brumaire et le Premier Consul

CHAPITRE Ier

Bonaparte quitte secrètement l'Égypte. — La société est dans l'attente d'un sauveur. — Arrivée de Bonaparte à Fréjus. — Le percement de l'isthme de Suez pressenti. — Madame Bonaparte au bal de l'Opéra. — Les statuts de la Banque de France sont présentés à Bonaparte. — Beau trait à l'honneur de Bonaparte. — Le 18 brumaire et ses conséquences. — On pense toujours aux Indes. — Bordeaux patriote. — Empressement des banquiers à prêter à l'État. — Trait d'humanité de Bonaparte, en faveur des militaires invalides. — Le Premier Consul aux Tuileries. — Les six chevaux blancs du Premier Consul. — Un peu de dénigrement. — Présentation des ambassadeurs et des autorités constituées. — Fête du Temple de la Victoire. — La journée des 18 et 19 brumaire racontée. — État d'âme au moment du 18 brumaire. — Jolie lettre de Portalis.

A quoi tiennent les événements ? Bonaparte serait resté, au lieu de confier le commandement à Kléber qui n'avait pas son génie, cette conquête de l'Egypte fût sans doute devenue définitive. Et cependant Kléber paraissait le plus capable de le remplacer. Après qu'il fut assassiné, on vit cette armée d'Egypte comme désemparée, en butte aux attaques continuelles des Turcs et aux révoltes de l'intérieur, se décimant et amenée à évacuer l'Egypte.

Bonaparte donc allait poursuivant ses victoires, lorsque les nouvelles qu'il reçut d'Europe lui apprirent que la France était plongée dans la confusion et l'anarchie. Il s'embarqua secrètement, le 23 avril, et reparut inopinément sur le territoire de la République où, il faut bien le dire, tous les honnêtes gens aspiraient après lui; c'est dire que l'heure du 18 brumaire allait sonner.

Bonaparte n'avait pu non plus songer sans amertume, sinon sans colère, à cette Italie qu'il avait brillamment conquise une première fois et que les impéritics du Directoire avaient laissé reprendre.

Il ne peut déplaire de connaître comment s'opéra ce retour du général Bonaparte.

« Tout d'abord, il ne confia son dessein qu'au général Berthier, chef de l'état-major. Ensuite, il donna ordre au vice-amiral Ganteaume d'armer les frégates *la Muiron* et *la Carrière* ainsi que l'aviso *la Revanche* et la tartane *l'Indépendance*, sans lui faire connaître son projet qu'il n'a exécuté qu'après avoir assuré la possession de la haute et basse Egypte; mais alors, dirai-je, c'était renoncer à atteindre les Anglais par leur empire des Indes, ce qui eût été les frapper au cœur. Rien n'eût mieux assuré une longue paix. Que de guerres! que de victimes de moins peut-être, grâce à cela!

« Bonaparte assurait en même temps la solde de l'armée pendant un an.

« Cela fait, il adressa un billet cacheté à tous ceux qu'il voulait emmener, avec ordre de ne l'ouvrir que tel jour, à telle heure, sur le bord de la mer.

« Le 5. fructidor était le jour fixé. Tous ceux qui avaient reçu le billet se rendent au lieu désigné, ouvrent le billet et trouvent l'ordre de s'embarquer de suite. Ils ne perdent pas un instant, laissent leurs effets dans leur logement et leurs chevaux sur le rivage.

« Arrivés à bord des bâtiments préparés pour le voyage, on fait l'appel; deux étrangers sont reconnus et remis à terre. L'ancre est levée, les bâtiments sont sous voile, mais les vents contraires ne leur permettent de sortir d'Aboukir que le 7 fructidor.

« En partant, Bonaparte laissa à l'adresse du général Kléber un paquet qui ne devait être ouvert que vingt-quatre heures après son départ. Le paquet renfermait sa nominatiou pour commander l'armée dans toute l'Egypte en son absence et pour donner le commandement de la Haute-Egypte au général Desaix.

« Les personnes les plus marquantes de la suite de Bonaparte étaient : le général Berthier, chef de l'état-major ; les généraux divisionnaires Lannes et Murat ; le général de brigade Marmont, le général d'artillerie Andréossi ; le chef de brigade Bessières, commandant des guides ; les trois savants Bertholet, Monge et Arnauld, un grand nombre d'officiers, plusieurs Mamelucks, quelques Arabes et ses guides. On sait le reste ». (*Journal politique* du 30 vendémiaire an VIII).

Qu'on aille dire maintenant que les journaux ne servent pas de matériaux à l'histoire !

Quoi de plus captivant que le détail de ce départ sensationnel dont les conséquences devaient bientôt révolutionner le monde ! Quand je dis captivant, c'est avec raison, car dans nombre d'histoires de cette époque, on se contente de dire que Bonaparte quitta secrètement l'Egypte.

Ce plan, en effet, fut admirablement conçu et non moins admirablement exécuté.

On lit, en outre, dans *le Journal politique* du 30 vendémiaire, que deux personnes de la suite de Buonaparte, qui accompagnaient ses effets, ont été arrêtées par une bande de brigands entre Saint-Maximin et Aix (Bouches-du-Rhône). Elles ont été complètement dévalisées : on leur a pris notamment l'argenterie de campagne du général et autres effets précieux, tels que couteaux et poignards turcs enrichis d'or et de diamants et des pistolets damasquinés en or.

Voilà qui doit toucher quiconque est amateur d'armes.

Oui, tout allait de mal en pis en France depuis que Bonaparte en était sorti, et l'on peut dire que la société était vraiment dans l'attente d'un sauveur. Entendons *le Journal politique* du 24 vendémiaire an VIII :

« Tout le monde attend Buonaparte avec impatience, parce qu'il rend l'espoir à tout le monde. On croit que son arrivée peut changer quelque chose au système de violence qui s'est établi depuis quelque temps et déconcerter les combinaisons des nouveaux diplomates qui préparent d'avance tous les obstacles à la paix qu'ils ont sur leurs lèvres.

« Buonaparte a prouvé qu'on pouvait allier la victoire à la modération et le patriotisme à l'humanité. On croit voir arriver avec lui la gloire, la paix et le bonheur : ce n'est pas l'escorte ordinaire de nos énergumènes ; mais ils devraient apprendre de lui, qu'avec de la justice et de la générosité, on peut faire aimer la république à tous les partis.

« On annonce son débarquement à Fréjus. Son intention était de débarquer à Toulon, mais ayant été chassé par les Anglais, qu'il a rencontrés plusieurs fois dans son trajet, il a abordé à Fréjus à travers un peuple immense accouru de toutes les communes circonvoisines. La joie, l'allégresse, l'enthousiasme brillaient de toutes parts. On n'entendait qu'un bruit : « Vive la république ! vive Bonaparte ! » Le convoi était composé de deux frégates françaises et d'un vaisseau de transport ».

Le même journal, du 25 vendémiaire, laisse un peu de place à la flatterie :

« Buonaparte a laissé l'Egypte bien organisée et sous le commandement du général Kléber : elle était déjà sous l'eau lorsqu'il est parti. Le Nil était plus beau qu'il ne l'avait été depuis cinquante ans. Ainsi, la nature toujours propice aux pays libres, double ses faveurs à l'Egypte devenue républicaine.

« Buonaparte est arrivé, accompagné de Berthier, Monge et Bertholet ».

— *Journal politique* du 9 brumaire an VIII : Le percement de l'isthme de Suez pressenti.

Voici ce que je lis : « Bonaparte rendit hier soir la séance non publique de l'Institut national extrêmement intéressante par les renseignements clairs, positifs et vrais qu'il donna à ses collègues de l'état où se trouvent maintenant l'Egypte et les monuments célèbres qui y furent élevés. Il a assuré l'Institut que le canal de Suez, qui joignait les deux mers, non seulement a existé, mais qu'il est très possible de le rétablir sur les débris qui en restent et qu'il a fait prendre les plans, les nivellements nécessaires à cette grande reconstitution. Le citoyen Monge a parlé ensuite du pays où il avait accompagné le général. Tout ce qu'il a dit a vivement intéressé l'assemblée ».

Curieuse coïncidence. Le neveu du général devait contribuer à cette réalisation.

— Bonaparte se montre dans le monde.

Cueilli dans *le Journal du soir* du 8 ventôse an VIII :

« Mme Bonaparte était au bal de l'Opéra avec le général Murat et son épouse. Le premier consul a paru à celui que donnait le ministre Talleyrand ».

-- Le 6 ventôse, les régents et les censeurs de la Banque de France avaient été admis à l'audience du premier Consul et lui avaient présenté leurs statuts ainsi qu'aux second et troisième consuls qui se trouvaient présents.

— Trait magnifique à l'honneur de Bonaparte :

« On partait d'Acre, il y avait des blessés; les moyens de transport manquaient. On en avertit le général, qui partait avec son état-major. A l'instant, il met pied à terre, fait descendre ses officiers généraux, aides de camp, etc., donne tous les chevaux pour les blessés et fait à pied trois journées de marche dans les sables du désert ». (*Le Propagateur* du 18 brumaire an VIII).

— Dans *le Propagateur* du 21 brumaire an VIII, on voit qu'à la séance du Conseil des Cinq-Cents, qui eut lieu à Saint-Cloud, le 19 brumaire, l'acte décisif du 18 a reçu l'approbation générale, de même que les longues explications fournies par Bonaparte ont produit la plus vive impression.

Ce fut suivi d'une proclamation adressée à tous les honnêtes gens et aux hommes d'ordre.

A partir de ce moment, c'est bien Bonaparte qui gouverne et dirige les destinées de la France.

— La pensée de frapper l'Angleterre par l'Inde subsiste toujours, à preuve ce qu'écrit (voir *le Propagateur* du 29 brumaire an VIII), le Conseil d'administration de la 59e demi-brigade, infanterie de ligne, en garnison à Rouen, au général Bonaparte, consul de la République française :

« Citoyen général, et nous aussi nous voulons témoigner toute notre reconnaissance pour votre généreux dévouement à la cause publique. Acceptez, citoyen général, l'hommage pur et sincère que vous présentent de braves soldats. Depuis sept ans, nous versons notre sang pour la patrie et rien que pour la patrie; un jour enfin nous la verrons heureuse, c'est le prix que nous attendons pour de si grands et de si nombreux sacrifices. Oui, général, nous espérons que les journées des 19 et 20 brumaire ne seront point perdues pour la France ; vous êtes au timon des affaires : grâces vous soient rendues ; guidés par vous, nous marchâmes toujours à une victoire assurée ; sous vos auspices, la République triomphera de tous ses ennemis.

« Un instant la victoire nous avait abandonnés (il est évidemment fait allusion aux mauvaises nouvelles militaires de l'Italie), la victoire avait passé les mers : la France vous possède, la victoire est à nous. Ah ! quelles belles et grandes destinées sont les nôtres aujourd'hui ! Nous allons donner la paix au continent et, poursuivant ensuite l'utile et glorieuse carrière que votre vaste génie a ouverte aux Français, nous irons dans l'Inde, écraser le despotisme anglais et nous donnerons la paix au monde.

« Vive la République ! vivent les consuls ! »

(Suivent les signatures).

— Bordeaux patriote (*Le Progagateur*, 5 frimaire an VIII) : « Le 24 brumaire, on a fait chanter à tous les théâtres *La Victoire est à nous* :

> « La victoire est à nous,
> Bonaparte, par son courage,
> Des brigands, du pillage,
> Nous a délivrés tous ».

Par exemple, les vers n'ont rien de triomphal.

— Le 3 frimaire, Bonaparte avait assemblé chez lui les banquiers et les principaux négociants de Paris, au nombre d'environ 70. Dans un discours improvisé, il a exposé, au nom du gouvernement, les besoins momentanés qu'il éprouvait.

Il sut si bien leur inspirer confiance, qu'ils ont voté par acclamation un prêt de 12 millions.

— *Le Propagateur* du 5 nivôse an VIII : « Le consul Bonaparte vient de donner une marque non équivoque de son zèle pour l'humanité souffrante, en faisant établir à l'Hôtel national des Invalides, une salle pour le traitement des militaires aveugles.

« Louis IX, à son retour d'Egypte, créa l'hôpital des Quinze-Vingts. Le choix fait par Bonaparte du citoyen Forlenze, oculiste connu dans toute l'Europe, pour soigner ces infortunés, honore les arts et est digne du héros qui les protège ».

Comment concilier avec cela la violente diatribe de Chateaubriand qui l'accuse surtout d'inhumanité ? (*De Buonaparte, Des Bourbons, 1814*).

— Bonaparte aux Tuileries (*Journal du soir* du 5 ventôse an VIII) :

« Le Conseil d'Etat siège provisoirement dans une partie de la grande galerie, à côté de l'appartement de Bonaparte. On lui prépare une salle dans celle que la Convention consacrait aux conférences. Le pavillon de l'Unité forme la salle des gardes.

« Le premier Consul habite toute la partie comprise entre le Pavillon de Flore et celui de l'Unité. Les appartements du rez-de-chaussée, du côté du jardin, sont destinés à Mme Bonaparte et ceux du côté du Carrousel, aux bureaux.

« Cambacérès occupera la partie où était la Convention.

« Lebrun jouit de tout le Pavillon de Flore. »

— En attendant l'empereur Napoléon :

« Les six chevaux blancs attelés décadi à la voiture du premier Consul, sont ceux dont l'empereur d'Allemagne lui a fait présent; le sabre qui pendait à son côté était un autre don de l'empereur, offert en reconnaissance de la paix consentie par le vainqueur d'Italie. »

— *Journal du soir* du 4 ventôse an VIII :

Côté dénigrement :

« On n'avait pas manqué de répandre le bruit que, dès que Bonaparte serait aux Tuileries, les magnifiques jardins de ce palais seraient fermés au public. Nous avons été à même de remarquer que non seulement le jardin est ouvert, mais que l'on traverse les cours et le pavillon de l'Unité comme auparavant. »

— Le faste impérial qui commence :

« La cérémonie de la présentation des ambassadeurs et des corps constitués de Paris s'est faite hier avec beaucoup de solennité.

« Les ambassadeurs étaient tous en habit de cérémonie et avec les cordons de leurs ordres (ceux de Prusse et d'Espagne).

« Le ministre des relations extérieures les a présentés, ils ont remis au premier consul leurs lettres de créance, qu'il a données ensuite au citoyen Talleyrand.

« Le premier consul a parlé à chaque membre du corps diplomatique. On a remarqué que les deux conversations les plus longues étaient avec le ministre de Prusse et le ministre cisalpin.

« Il y eut d'autres présentations, notamment celle du tribunal de cassation, où l'on remarqua cette phrase de Bonaparte : « La « justice a été trop longtemps le patrimoine des factions; elle « appartient à tous; elle doit être distribuée à tous, selon des « principes invariables. »

— *Le Publiciste* du 16 brumaire an VIII. — Un exemple d'église encore désaffectée :

De Paris, le 15 brumaire.

« La fête donnée aujourd'hui par les représentants du peuple à Bonaparte et à Moreau a été très brillante. Le temple de la Victoire (ci-devant église de Saint-Sulpice) où elle a eu lieu, était décoré avec magnificence, orné de belles tapisseries et d'une multitude de drapeaux enlevés aux différents ennemis de la République. Il n'y avait ni femmes ni spectateurs. Le nombre des couverts était d'environ 750.

« Le président des Anciens était au haut de la table; au milieu, à droite, le président du Directoire; à gauche, le général Moreau; ensuite le président des Cinq-Cents; puis le général Bonaparte.

. . . .

« On a joué d'une excellente musique; les orgues qui sont restées dans ce temple ont été touchées par Séjan, membre du Conservatoire de musique. »

Le Publiciste du 17 brumaire an VIII :

« La fête du temple de la Victoire n'a fini que fort avant dans la nuit. On a remarqué l'ordre et la décence qui formaient le principal caractère d'une réunion aussi nombreuse. Les deux toasts qui ont été applaudis avec le plus de transport, ont été ceux relatifs à l'union de tous les Français et à la paix : le premier présenté par Buonaparte et le second par Gohier, président du Directoire.

. . . .

« Avant le banquet on avait distribué des vers.

« Citons notamment ceux-ci, de Félix Faulcon, membre du Conseil des Cinq-Cents, sur l'air du *Pas de charge* :

> « O Buonaparte, et toi, Moreau,
>   Noms chers à la victoire !
> Quel est le sublime pinceau
>   Qui peindra tant de gloire !
> Championnet, Brune, Masséna !
>   Que d'éloges à faire !
> Ma foi, mettons *et cætera*,
>   Puis cherchons un Homère.

« Les rois, fiers de quelques revers,
   Pleins d'un orgueil extrême,
Prétendaient nous donner des fers,
   Jusque dans Paris même :
Nous, modestes dans nos succès,
   Comme beaux en vaillance,
Aux rois nous donnerons la paix :
   O la douce vengeance ! »

Ce n'est pas de la poésie transcendante, mais la bonne volonté y était.

— Rien de plus intéressant à connaître que la physionomie du 18 brumaire à la suite du décret extraordinaire du Conseil des Anciens, conforme à l'article 102 de l'acte constitutionnel, par lequel il remettait à Buonaparte le commandement de la ville et de l'armée. Le général avait lancé une proclamation à la suite.

Voici ce que rapporte *le Publiciste* du 19 brumaire an VIII :

« La journée du 18 brumaire a eu plus l'air d'une fête que d'une révolution. Un de ses plus remarquables caractères et ce qui relève le plus les espérances abattues, c'est qu'elle ne ressemble en rien à celles qui l'ont précédée. L'ordre de fermer les barrières échappé par hasard a été révoqué à l'instant. Il n'a été question d'aucune destitution, d'aucune arrestation, d'aucune peine pour aucun individu. On a rendu à l'oubli des hommes qui n'auraient jamais dû en sortir, et l'obscurité sera la seule punition de ceux dont elle aurait dû être la seule récompense.

« Rien n'avait annoncé les événements de cette journée.

« Les lettres de convocation pour le Conseil des Anciens n'ont été expédiées que le jour même, à cinq heures du matin.

« A huit heures, les membres se sont réunis, et à neuf, le Directoire l'ignorait encore.

« Gohier, Moulin, Barras étaient réunis, quand Roger-Ducos est entré dans la salle du conseil pour s'informer si quelques bruits arrivés jusqu'à lui étaient fondés. Ses collègues lui ayant dit qu'ils n'avaient aucun renseignement : « Je vais en chercher », a-t-il dit, et il s'est rendu à la commission des inspecteurs des Anciens.

« Pendant ce temps, Sieyès se promenait seul, à cheval, dans le jardin du Luxembourg ; son aide de camp, Dorsonval, est venu l'y joindre et il s'est de suite rendu à la commission des inspecteurs.

« Vers 10 heures, Gohier, Barras et Moulin ont mandé, dit-on, le commandant de la 17ᵉ division, pour rendre compte au Directoire de sa conduite, il a répondu que la 17ᵉ division n'était plus sous ses ordres et est resté près du général Buonaparte, duquel il était venu prendre les ordres, d'après le décret.

« A 11 heures, Barras a envoyé sa démission et Buonaparte a donné ordre à un détachement de dragons de l'escorter à Gros-Bois, où il avait annoncé vouloir se rendre.

« Buonaparte, réuni à Sieyès et Roger-Ducos et aux inspecteurs des deux Conseils, réglait avec eux les moyens d'exécution du décret de translation et les mesures de sûreté publique, quand Augereau est entré et, l'embrassant à plusieurs reprises, lui a dit: « Général, vous ne m'avez point appelé, mais je viens vous « joindre. »

« Presque tous les officiers généraux qui se trouvaient à Paris se sont réunis près de Buonaparte ; Macdonald, Dessolles, Bournonville, Moreau. Ce dernier a été chargé du commandement du Luxembourg.

« La translation se prépare et s'exécutera sans aucune commotion.

« Dans l'après-midi, Roger-Ducos a, de son propre mouvement, donné sa démission. Gohier a envoyé la sienne dans la soirée et il paraît que cet exemple a été suivi par Moulin.

« Ce grand mouvement qui semble précurseur d'un notable changement dans les principes du gouvernement et peut-être dans quelques-unes de ses bases, s'est opéré au sein de la plus profonde tranquillité.

« Il n'y a pas eu une opposition, pas une hésitation.

« Lorsque le Conseil des Anciens a ouvert sa séance vers sept heures du matin, il n'y avait autour des Tuileries que sa garde ordinaire, et pas un soldat de plus que de coutume dans les rues. Ce n'est que vers onze heures, que Buonaparte, en vertu de ses nouveaux pouvoirs, a rassemblé toutes les troupes aux Tuileries. La garde du Directoire s'y est rendue comme les autres. Il les a toutes passées en revue au milieu des acclamations générales et de l'enthousiasme de ces militaires, heureux de revoir à leur tête le héros qui les a toujours guidés à la victoire.

« Le département de la Seine a aussi publié une proclamation qui, ainsi que celle du Conseil des Anciens, porte de la manière la plus positive que la translation du Corps législatif hors de Paris n'est que pour très peu de jours. On croit, en effet, qu'il restera tout au plus deux jours à Saint-Cloud, parce qu'on a sans doute préparé et mûri d'avance le travail qui doit être présenté.

« Les municipalités des douze arrondissements ont été suspendues et les commissaires centraux mandés pour recevoir des ordres provisoires.

« Buonaparte calme, mais prévoyant, a établi ou plutôt conservé l'ordre partout.

« Ses discours ont inspiré, avec l'indignation contre les causes des malheurs publics, l'espoir de les voir bientôt réparer, avec ce sentiment de la force protectrice dont le Conseil des Anciens l'a fait dépositaire, l'amour de la liberté politique, le respect de la liberté civile.

« Tout annonce que ce n'est pas un changement nouveau qu'on a fait, mais la consolidation de la République qu'on a préparée, par l'acheminement à la création d'un système fixe et invariable.

« Et les bases de ce système ont été hautement proclamées dans tout ce qui s'est dit en ce jour.

« La république, le gouvernement représentatif sortiront de cet événement qu'appelaient les vœux de la nation, les acclamations du peuple accourant au passage de Buonaparte et sur les suites duquel reposent les espérances de tous les vrais amis de la liberté. »

J'aime à citer cette anecdote qui, à elle seule, peint toute la situation :

« En sortant du Conseil des Anciens, Bonaparte trouva Bottot, secrétaire de Barras, qui paraissait venir l'intéresser en faveur de l'ex-directeur. Le général lui parla quelques instants en particulier. Il lui adressa ensuite la parole de manière à être entendu de ceux qui l'environnaient et plusieurs des assistants ont retenu ces quelques mots de toute éloquence :

« — Qu'avez-vous fait, s'écriait le général, de cette France que je vous ai laissée si brillante ? Je vous ai laissé la paix, j'ai retrouvé la guerre ; je vous ai laissé des victoires, j'ai retrouvé des revers ; je vous ai laissé les millions de l'Italie et j'ai trouvé partout des lois spoliatrices et la misère. Qu'avez-vous fait des cent mille Français que je connaissais ? Ils sont morts et c'étaient mes compagnons de gloire ».

Et il disait vrai.

Un mouvement de l'opinion publique bien caractérisé par la partie de dialogue supposé qui va suivre, entre un membre du Conseil des Anciens et un membre du Conseil des Cinq-Cents, un moment après le décret qui transfère le Corps législatif à Saint-Cloud et investit le général Buonaparte du commandement des troupes comprises dans le rayon constitutionnel.

Et pour une feuille (le journal), dont autant en emporte le vent, elle nous instruit admirablement de l'état d'âme à cette époque. Donc, cette feuille a de la valeur et apporte l'une des plus belles pierres à l'édifice de l'Histoire :

. . . .

« *Le Membre des Cinq-Cents.* — Mais enfin, que veut-on faire?

« *L'Ancien.* — Ce qu'on veut faire, mon ami, cela t'inquiète? Tu n'étais donc pas alarmé de voir que rien ne se faisait ; peut-on faire quelque chose de pis que de ne rien faire ? Tu ne vois donc pas que nous touchions au moment où rien n'aurait plus été possible à récupérer, ni la liberté, ni la propriété, ni la constitution républicaine, garantie de l'une et de l'autre ! Tu ignores donc que la loi spoliatrice de l'emprunt forcé a ruiné nos finances ; que la loi des otages nous a donné la guerre civile ; qu'une partie des revenus de l'an VIII est dévorée par des réquisitions ; que tout crédit public est éteint ; que toutes les dépenses particulières, qui font le revenu de l'ouvrier, sont suspendues ; que tous les ateliers sont fermés ; que nous entrons dans un hiver où le pauvre est menacé de se trouver sans ouvrage et le riche sans sûreté ; que la paix seule peut mettre un terme à tant de maux ; que la restauration de notre constitution, partout ébréchée, peut seule en prévenir le retour et fixer à la fois les incertitudes des puissances étrangères pour négocier avec la France, et les terreurs des citoyens toujours placés entre la tyrannie et l'anarchie. Voilà, mon ami, les grands intérêts auxquels il nous faut pourvoir avec promptitude et maturité, loin des esprits inquiets, turbulents, mal intentionnés, loin des factions entretenues au milieu de nous par l'étranger. Voilà pourquoi il faut mettre pendant quelques moments (à propos de la translation du pouvoir à Saint-Cloud) entre Paris et l'autorité, entre l'intrigue et les lumières, entre la perversité et le patriotisme, la distance de quelques lieues, qui en gênent les communications.

« *Le Membre des Cinq-Cents.* — Entre nous, cependant, mon ami, je crains l'intervention de Buonaparte dans cette affaire. Sa renommée, la considération, la juste confiance du soldat dans ses talents et surtout ses talents, peuvent lui donner le plus redoutable ascendant sur les destinées de la République. Le sort de la liberté dépendra-t-il de lui ?.. S'il était un César, un Cromwell !..

« *L'Ancien*. — Un César, un Cromwell !.. Mauvais rôles, rôles usés, indignes d'un homme de sens, quand ils ne le seraient pas d'un homme de bien. C'est ainsi que Buonaparte lui-même s'en est expliqué dans plusieurs occasions. « Ce serait une pensée « sacrilège, disait-il une autre fois, que celle d'attenter au gou- « vernement représentatif dans le siècle des lumières et de la « liberté ». « Il n'y aurait qu'un fou, disait-il encore, qui voulût, « de gaîté de cœur, faire perdre la gageure de la république « contre la royauté de l'Europe, après l'avoir soutenue avec « quelque gloire et tant de périls ». Dans le fait, mon ami, quelle est ici la conduite de Buonaparte ? On l'appelle et il se présente ; le Conseil commande et il obéit ; voilà tout. Sais-tu ce qui l'aurait rendu fort suspect à mes yeux et aurait fait de lui un sujet de justes alarmes pour la liberté ? Ce n'aurait pas été une acceptation précipitée, pas même une offre empressée de son bras et de sa renommée, ç'aurait été son refus. Le Conseil des Anciens ayant conçu des vues pour la pacification générale, le rétablissement de l'ordre intérieur, la restauration de la liberté, de la propriété et l'affermissement de la constitution républicaine ; requérant Buonaparte d'assurer seulement la translation du Corps législatif, et Buonaparte refusant de concourir ainsi au salut public... Voici, ce me semble, ce que tout homme clairvoyant devrait dire de lui. Un système d'ambition profonde a déterminé ce refus : tout périt dans la république ; l'anarchie s'avance, la dissolution est imminente et Buonaparte le voit. Il va demander le commandement d'une armée, il l'obtiendra. Une fois à la tête de soixante ou quatre-vingt mille hommes, lorsque le désordre sera à son comble en France, lorsque chaque citoyen, las de chercher une victime ou un refuge inutile, tournera ses regards vers lui, lui tendra les bras, lui demandera ou vengeance ou justice et toujours protection, alors il n'aura besoin, pour se trouver investi du pouvoir absolu, que de consentir à l'être ; ce sera la royauté elle-même (et quelle royauté !) qui viendra s'offrir à lui ; ce sera la nation avilie par le malheur qui lui offrira un sceptre de fer. Voilà, mon ami, ce que le refus de Buonaparte signifiait pour moi, et ce serait sur ce refus que j'appellerais le poignard de Brutus. Mais la liberté, la république, la patrie sourient à l'acceptation simple et franche d'un pouvoir donné par les sages patriotes qui composent le Conseil des Anciens. Eh ! qui mériterait plus leur confiance que le guerrier qui a signalé tant de fois son amour pour la liberté, qui l'a vengée avec tant d'éclat et tant d'ennemis, à qui elle doit sa conservation et qui, en revanche, lui doit la plus grande gloire où puissent atteindre la valeur et le génie. »

C'était l'Empire six ans après, sans doute ; mais, comme toujours, avec un état latent d'anarchie, la société s'était jetée dans les bras d'un sauveur.

— Nous arrivons aux séances extraordinaires des deux Conseils tenues à Saint-Cloud, le 19 brumaire :

« Le Conseil des Cinq-Cents s'était assemblé dans l'Orangerie et celui des Anciens dans la grande galerie. Son président était Lucien Bonaparte, frère du général. Ce dernier, précédé de quelques grenadiers, y était entré sans armes. Aussitôt des cris s'étaient élevés de : « A bas le dictateur ! hors de la loi Buonaparte ! »

« Des députés, parmi lesquels on avait remarqué surtout Aréna, s'étaient avancés vers lui, le poignard et le pistolet à la main, en criant : « Tue ! Tue ! » Les grenadiers l'entourent aussitôt et lui font une barrière de leurs corps. L'agitation est au comble dans l'assemblée ; les menaces et les injures se multiplient également autour de Lucien Buonaparte qui présidait. Il reste longtemps couvert et calme, et voyant enfin qu'on en veut aussi à sa vie, il déclare qu'il donne sa démission et qu'il ne présidera pas plus longtemps des hommes qui mettent des poignards à la place des lois.

« Buonaparte, instruit des dangers qui menacent son frère, envoie le général Murat à la tête de quelques grenadiers pour le retirer hors du Conseil. Lucien en sort et va instruire les troupes réunies dans la cour du château des périls auxquels il vient d'échapper. Les soldats manifestent leur situation et leur joie par les cris : « A bas les factions ! vive la République ! vive Buonaparte ! »

« Bonaparte et son frère s'étaient rendus dans la cour au milieu des troupes et de l'état-major, donnant des ordres pour prévenir l'effet des mesures violentes qu'annonçaient les menaces des Cinq-Cents. Voyant que ceux-ci ne mettaient aucun terme à leurs fureurs, Buonaparte, en exécution d'une résolution des Anciens, fit inviter les membres raisonnables des Cinq-Cents à se séparer des conjurés et à se retirer. Aussitôt les factieux se voient réduits à un très petit nombre et sont cernés de toute part et forcés de se dissoudre pour ne pas s'exposer à la vengeance des soldats, indignés qu'on eût voulu attenter à la vie du général qui les a toujours menés à la victoire.

« Buonaparte s'était deux fois présenté au Conseil des Anciens ; il y avait déclaré qu'on avait voulu attenter à ses jours dans le sein même du Conseil des Cinq-Cents ; que des pistolets avaient été dirigés contre lui et qu'au reste, ce n'était là que la suite d'une conspiration connue depuis plusieurs jours et dont le but était d'anéantir la république et de massacrer la partie la plus saine des représentants. Il a annoncé qu'on lui avait fait des ouvertures tendant au renversement de la constitution ; que même des émissaires étaient déjà en mouvement dans Paris pour créer un bouleversement général et que c'était à la sagesse du Conseil des Anciens à tout prévenir par des mesures fermes et vigoureuses. Il a rappelé que s'il avait eu les projets d'usurpation que lui supposaient ces assassins, il n'aurait pas attendu aujourd'hui pour les réaliser : que déjà la constitution avait été indignement violée à trois fameuses époques : au 18 fructidor, au 22 floréal, au 20 prairial, et qu'elle ne pouvait plus offrir aucune garantie aux citoyens. Qu'au reste, il remettrait les pouvoirs qui lui étaient confiés, aussitôt que la patrie serait hors de péril et que la liberté et la république seraient consolidées. Il n'a pas dissimulé que si des orateurs, payés par l'étranger, parlaient de le mettre hors de la loi, il en appellerait à ses frères d'armes qui n'avaient pas avec lui affronté tant de périls pour tomber victimes de quelques vils saltimbanques se prétendant plus patriotes que ceux qui avaient arrosé de leur sang plusieurs parties du globe. »

(*Le Publiciste* du 20 brumaire an VIII).

On ne trouvera pas, j'en suis persuadé, que je me suis trop étendu sur ces fameuses journées du 18 et du 19 brumaire.

Une autre phrase prononcée par Buonaparte : « Et si jamais vous me voyez sortir du chemin de la liberté, tournez contre moi ces baïonnettes qui furent toujours fatales à ses ennemis. »

. — *Le Publiciste* du 21 brumaire an VIII :

« Bonaparte ayant invité à dîner chez lui un des grenadiers, qui lui avait sauvé la vie, la citoyenne Buonaparte lui fit présent d'un diamant de deux mille écus. Il s'appelait Thomas Tomé, du département des Ardennes. »

Qui pourrait dire ce qu'est devenu ce diamant historique ? Est-il encore dans cette famille ?

— Une bien jolie lettre de Portalis, en date du 4 brumaire, qui est comme la prédiction du 18 brumaire :

« Voilà Buonaparte de retour d'Egypte ! Louis IX, après son voyage d'outre-mer, fit son code connu sous le nom d'*Etablisse-ments*. Buonaparte, plus grand capitaine que Louis IX, n'aurait-il pas l'ambition d'être comme lui un grand législateur ? La gloire militaire n'est rien, si elle ne le conduit pas à la gloire politique. « Pourquoi Sieyès et lui ne s'occuperaient-ils pas à terminer la Révolution ? Leur sort à venir en dépend, ainsi que celui de toute la France ». Les Français auraient grand tort de compter sur les étrangers. Des querelles de famille ne doivent être vidées que dans la famille même. Le moment est favorable. pour imposer silence aux enragés de tous les partis : car les défaites des puissances coalisées tuent à la fois les partis les plus opposés entre eux. Tu es sur les lieux, réfléchis et combines. En rétablissant la paix et le bon ordre dans la République, on ferait encore le bien de toute l'Europe ».

(Le Publiciste, 22 brumaire an VIII).

CHAPITRE II

Bonaparte à l'Institut. — Un impair de Bonaparte. — Bonaparte quitte la rue de la Victoire. — Bonne impression du 18 brumaire dans les départements. — Ce qui aurait déterminé le prompt retour de Bonaparte, lorsqu'il quitta l'Égypte. — L'intérêt manifesté par Bonaparte aux Lettres et aux Arts. — Explication des mots « Premier Consul ». — Confection du Code Civil. — Traitement du Premier Consul. — Un enlèvement colossal. — Le ministre Fouché. — Du vrai libéralisme. — Le génie de Bonaparte ne se manifeste pas seulement sur les champs de bataille. — Le château des Tuileries prend le nom de Palais du Gouvernement. — Sollicitude du Premier Consul envers l'armée. — Bonaparte ennemi de la courtisanerie. — Où il est un peu question de modes.

Il faut vraiment admirer l'activité de Bonaparte, trouvant le temps, au milieu des grands intérêts qui l'occupent, d'assister pendant trois quarts d'heure à une séance particulière de l'Institut.

— Quelques mots remarquables de Bonaparte, empruntés à un discours aux Anciens. Tandis qu'il venait de dire ces paroles : « Nous sauverons la République et la liberté », une voix l'interrompit : « « Qui nous le garantira ? »...

« Grenadiers, s'écria le général en se retournant vers ses compagnons d'armes, dites si je vous ai jamais trompés quand je vous ai promis la victoire ? »

Il fut moins heureux quand il dit : « Souvenez-vous que la fortune et le Dieu de la victoire sont avec moi ».

« Je me suis échauffé, disait-il le lendemain à ses amis, et j'ai fini par une mauvaise phrase : les Français ont le tact des convenances. A peine avais-je prononcé ces paroles, qu'un murmure me le fit sentir : mais que voulez-vous ? Ils m'ont gâté le long de la route ! Ils m'ont tant répété ces mots de Marseille à Paris, qu'ils me sont restés ».

(Le Publiciste, 23 brumaire an VIII).

— Le logement dit le plus ou moins de grandeur. Bonaparte a quitté sa petite maison, rue de la Victoire, pour aller demeurer au Luxembourg.

— On dit dans *le Publiciste* du 26 brumaire an VIII, que la révolution du 18 brumaire, à mesure qu'elle se répand dans les départements, y excite le même enthousiasme qu'à Paris. Les noms de Bonaparte, de Sieyès et de ceux qui les ont secondés, volent de bouche en bouche, au milieu des cris de la reconnaissance.

On semble reporté aux beaux jours de 1789, et les vœux qui appelèrent alors la liberté, se réunissent tous de nouveau en faveur d'un gouvernement fort et protecteur et d'une constitution propre à donner aux personnes et aux propriétés, une garantie qu'on nous a jusqu'à présent promise en vain.

Je dirai : Il appartenait à Louis XVI de le donner à la France, ce gouvernement idéal, mais il ne sut ni le concevoir, ni le diriger dans ce sens.

Que de maux ont dérivé de là, depuis, hélas ! maux qui auraient dû être prévenus par ce monarque plus que mou.

Comment Bonaparte ne se serait-il pas fait aimer ? Ne venait-il pas de visiter la maison d'arrêt où il avait interrogé les détenus, s'inquiétant de la salubrité de leurs prisons, de leur nourriture et de la conduite des greffiers envers eux ?

On parle d'une fête brillante à l'Opéra, en l'honneur de Bonaparte, où il doit y avoir bal paré, précédé de ballets analogues aux circonstances.

De la Haye, le 23 brumaire. — Comme impressions dans la République Batave, on écrivait : « Le génie de Bonaparte n'a pas seulement sauvé la France, il a fixé les destinées des Républiques alliées... Avec quel plaisir tous les amis de la liberté et de la philosophie verront que Bonaparte, grand général jusqu'à ce jour, a conquis le titre sacré de *grand citoyen !*

— A tort ou à raison, dirai-je, on cite dans *le Publiciste* du 27 brumaire an VIII, l'anecdote suivante comme ayant contribué au retour de Bonaparte :

« Un Anglais qui avait quitté l'Europe peu de temps après le 30 prairial, pour aller servir dans l'armée de Sidney Smith, fut envoyé par ce dernier comme parlementaire auprès de Bonaparte. Berthier le reçut, et lui ayant donné la réponse à son message, la conversation s'engagea sur les événements d'Europe : « Il y a peu de temps, dit l'officier anglais, que j'ai quitté l'Angleterre et je puis peut-être vous donner de la France des nouvelles qui

ne vous sont pas encore parvenues ». Il raconta l'Italie recon-
quise par les armées russes et autrichiennes, la Suisse envahie
par le prince Charles et le fameux 30 prairial. Berthier ignorait,
en effet, tout cela ; il fut frappé du récit qu'il venait d'entendre et
présenta l'envoyé au général en chef. Bonaparte apprit de lui
toutes nos catastrophes et, dès ce jour, son départ d'Egypte fut
résolu. »

Quelle phrase profonde de Bonaparte à propos des marins :
« Sur terre, une bravoure indisciplinée a pu vaincre quelquefois ;
sur mer, jamais. »

— « Bonaparte n'oublie rien de ce qui intéresse les Lettres et
les Arts. C'est ainsi qu'il charge le citoyen Monge, membre de
l'Institut National de France et de celui du Caire, de déposer à
la Bibliothèque Nationale trois superbes manuscrits orientaux in-
folio, dont nous n'avions pas de copie à la Bibliothèque Nationale.
Le premier est en langue turque, deux autres sont en langue
persane ; tous trois sont ornés de vignettes exécutées avec le
plus grand soin, mais qui n'en attestent pas moins l'enfance de
l'art. »   (*Le Publiciste*, 16 frimaire an VIII).

— N'a-t-on pas plus d'une fois traité de non-sens, ces mots :
premier consul ? En voici une explication qui, il me semble, doit
mettre tout le monde d'accord. Je lis :   .

« De Paris, le 16 frimaire :

« C'est le 18 de ce mois que l'ensemble du projet de constitution sera présenté à la Commission des Cinq-Cents par la sec-
tion qu'elle a spécialement chargée de préparer ce travail. Toutes
les bases en ont été posées dans les conférences qui ont eu lieu
entre les consuls et plusieurs membres des Commissions. Les
deux sections réunies s'occupent à présent des articles convenus.
Il y a décidément trois consuls, dont l'un, sous le titre de *premier consul*, a des attributions plus étendues que ses deux collègues ; mais ils sont tous trois également nommés pour dix ans ».

— « La confection du Code civil, est-il dit encore, se presse
aussi avec une grande activité. On voudrait qu'il pût être prêt en
même temps que la Constitution. »

                    (*Le Publiciste*, 17 frimaire an VIII).

Ajoutons que le gouvernement devait être composé, outre les
trois consuls, de vingt conseillers d'Etat et de quatorze ministres ;
qu'il devait avoir l'initiative des lois.

Le traitement du premier consul, pour lui et sa garde, devait être de 500.000 francs.

— Un enlèvement colossal :

C'était au Palais-Egalité (ancien Palais-Royal). On y avait arrêté, comme attentatoire aux bonnes mœurs, trois cents filles publiques, rien que cela, pour les déporter en Egypte, prétendait-on. C'est un bruit injurieux pour l'autorité, fut-il déclaré, c'est une accusation de tyrannie, dont le consul Bonaparte particulièrement s'est montré offensé. Le magistrat peut vouloir mettre obstacle au débordement des mœurs, mais non violer les lois pour sévir sans mesure contre des fautes qui blessent les mœurs, et la République n'a point à craindre que, pour faire cesser un désordre qui n'est ni nouveau, ni absolument destructif de la société, ses consuls aillent offenser la liberté publique et menacer la sûreté particulière.

— « On peut être sûr qu'avec Fouché, la police ne chôme pas, car elle vient de faire arrêter les imprimeurs de deux libelles intitulés : *Les trois consuls et l'ombre de Louis XVI* ».

(Le Publiciste, 21 frimaire an VIII).

— Voilà du véritable libéralisme, Bonaparte voulant que les places soient ouvertes aux Français de toutes les opinions, pourvu qu'ils aient des lumières, de la capacité et des vertus.

(Le Publiciste, 22 frimaire an VIII).

— Quand j'intitule mon ouvrage : *Le Général Bonaparte et la presse de son époque*, c'est que j'attache une grande importance à cette même presse. Je ne puis mieux le démontrer qu'en citant avec *le Publiciste* du 25 frimaire ensuite, cet article emprunté aux *Nouvelles politiques* du 14 ventôse an V, et que je regarde comme remarquable en pressentiments et en science de l'avenir : « Tandis que Bonaparte occupe les cent voix de la renommée à publier les prodiges de son génie et de son courage, il se présente encore à l'histoire comme un homme de grand sens dont une suite de triomphes n'a pu troubler la tête et comme un homme sensible dont le spectacle continuel des champs de bataille n'a pas endurci le cœur.

« Il se distingue aussi par le sentiment des convenances que la doctrine de l'égalité a entièrement éteint parmi nous.

« Sa correspondance militaire rappelle l'éclat de sa valeur ; celle qui a pour objet les dispositions administratives ou pacifiques, est remarquable par la sagesse des principes. S'il traite avec les cardinaux, c'est avec bienveillance pour eux, décence pour leur chef et respect pour la religion. C'est un conciliateur qui engage la faiblesse à ne pas essayer une résistance que n'a pu soutenir la force.

« Il annonce l'envoi, qui probablement lui a été demandé, de la Madone de Lorette, et il se borne à marquer au Directoire : « Vous en ferez ce que vous jugerez convenable ». Il me semble que cette simplicité est plus spirituelle que la raillerie facile qu'un tel sujet aurait fournie à nos plaisants du jour.

« A quelle distance cette conduite et ce langage ne placent-ils pas Bonaparte de ces effrayants réformateurs, qui se sont crus philosophes parce qu'ils ont ôté la religion à leur pays, la religion qui, dit Montesquieu, est le plus sûr garant des mœurs que puisse avoir le gouvernement !

« Combien n'est-on pas touché de l'humanité de ce jeune héros que les chants de la victoire n'ont pas empêché d'entendre les soupirs du malheur ! Sans doute, il n'était point chargé du sort des prêtres réfractaires réfugiés en Italie, ses fonctions paraissaient même le rendre bien étranger à un pareil soin : cependant, il s'en occupe avec zèle ; il assure leur logement, leur nourriture, leur vêtement ; il les confie à leurs frères ; il appelle à leur secours ceux qui ne sont pas obligés de les recueillir ; craignant que dans la licence des camps on ne les traite pas avec assez de ménagements, il défend, sous les peines les plus sévères, de les molester. Ainsi, après les avoir sauvés de la misère, il les garantit de l'injure, plus pénible à supporter que la pauvreté. »

Tout cela, je vous le demande, ne fait-il pas déjà pressentir l'homme du Concordat, qui rendit la paix religieuse à la France ?

— Il est décrété que le château des Tuileries prendra le nom de Palais du gouvernement, parce que les consuls y seront logés.

— Ce qui démontre la sollicitude du premier consul pour l'armée, c'est que, conjointement avec ses collègues, il prit un arrêté, en vue de régler la répartition d'un million de secours entre les femmes dont les maris étaient employés à l'armée d'Egypte. (*Le Publiciste*, 1er nivôse an VIII).

— Bonaparte ennemi de la courtisanerie :

En effet, il avait ordonné à son secrétaire de confiance de jeter au feu toutes les lettres, toutes les pièces où on ne lui adresserait que des éloges et de lui mettre sous les yeux toutes celles qui auraient un tout autre accent, fut-il même celui de la haine et de la malveillance.

Il n'était pas jusqu'aux modes dont il ne s'occupât.

Voici ce que l'on dit : « Les femmes reprennent les étoffes de soie. Ce n'est point parce que le froid force à se couvrir, mais parce que la mode veut bien s'accorder avec la décence. On assure que Bonaparte a témoigné plusieurs fois qu'il n'aimait pas les femmes nues dans un salon, et l'on s'habille aujourd'hui pour plaire. »   (*Le Publiciste*, 4 nivôse an VIII).

Quant aux consuls, en fait de mode, il fut spécifié qu'ils porteraient un habit de velours bleu avec une broderie en or à peu près semblable à celle des généraux en chef; pantalon blanc, bottines brodées comme le pantalon.

Le 12 nivôse, Bonaparte avait présidé le Conseil d'Etat en costume.

CHAPITRE III

*Toasts d'où découlent je ne sais quels soupçons de dicta-
ture et le désir d'une descente en Angleterre. — Un sentiment qui honore le Premier Consul. — La Malmaison.
— L'abbé Bernier. — Bonté de Bonaparte pour les invalides. — Première apparition de la redingote grise. — Le
corps des Guides. — Un retour d'opinion de Mallet du
Pan, à l'égard de Bonaparte. — Installation officielle du
Gouvernement aux Tuileries. — Réception des ambassadeurs et ministres étrangers. — Au sujet du titre de
« Madame ». — Une poésie de circonstance. — Une revue
militaire. — Un dîner à la Malmaison, — Brillante séance à l'Institut, à laquelle assistent le Premier Consul et
madame Bonaparte. — Sang-froid du Premier Consul en
face des menaces de complot.*

Voici de bizarres toasts :

Parmi beaucoup de toasts portés dans un banquet national à
Angers, le 3 pluviôse, on remarque celui-ci : « A Bonaparte, qui
n'a jamais été vaincu ! A Bonaparte, l'honneur de la gloire du
nom français. Nous devons à son courage et à ses vertus le
maintien de la liberté : il sera l'idole des républicains. Mais si,
nouveau César..... *Au nouveau Brutus qui lui plongerait
un poignard vengeur dans le sein !* » Dans le même repas, on
a bu à la destruction de tous les tyrans, aux hommes qui ont
condamné à mort Louis XVI et au grenadier qui, le premier, descendra sur la terre d'Albion.

On n'abandonnait pas, on le voit, ni la pensée que Bonaparte
pût être un dictateur couronné, et qu'une descente fût faite un
jour ou l'autre en Angleterre.

— Un sentiment tout à l'honneur de Bonaparte :

Bonaparte, croyant que le Palais des Tuileries, qu'on lui prépa-
rait, serait plus tôt en état de le recevoir, voulait en prendre
possession le 2 pluviôse. Le citoyen Bénézech, chargé de l'ap-
propriation, lui répondit que tout ne pouvait être prêt et le pria
d'observer que ce jour correspondait au 21 janvier. « Je vous

remercie de m'avoir fait cette observation, lui répondit avec simplicité le premier consul, je n'eusse point entré, ce jour-là,
aux Tuileries ».   (*Le Publiciste*, 12 pluviôse an VIII).

Encore une réponse à opposer à la violente diatribe de Chateaubriand, dont j'ai déjà parlé, et autres écrits adverses des royalistes.

— Un peu de la Malmaison entrevu.

Dans *le Publiciste* du 13 pluviôse an VIII :

« On paraît croire à quelque rapprochement avec la Turquie,
depuis la visite faite par l'ambassadeur ottoman à Bonaparte. Il
a été conduit à la Malmaison (campagne du premier consul, du
côté de Nanterre), par Talleyrand. »

— Bernier dînait, décadi dernier, à la Malmaison; quand il
avait demandé la veille au premier consul s'il pouvait paraître à
Paris sous son nom : « Il n'y a pas de plus beau nom, lui répondit
le général, que celui de pacificateur, et quand vous n'auriez
empêché de couler qu'une seule goutte de sang français, vous
mériteriez encore l'accueil le plus distingué. »

Il est bon de dire ce qu'était Bernier.

L'abbé Bernier travailla à pacifier la Vendée, secondant les
efforts faits dans ce sens par Bonaparte. Il fut un des plénipo-
tentiaires qui négocièrent le Concordat.

Après une aussi belle réponse, peut-on reprocher à Bonaparte
d'avoir aimé faire la guerre pour la guerre ?

— Bonaparte s'intéressait à ce point aux Invalides, qu'il ordonna qu'une bibliothèque de vingt mille volumes fût ouverte à
l'usage des retraités.   (*Le Publiciste*, 26 pluviôse an VIII).

— Apparition, pour la première fois, de la redingote grise.

Le 26 pluviôse, le premier consul sortit à cheval, en petite
redingote grise, accompagné de trois ou quatre personnes, sans
aucune garde. Dix ou douze cavaliers ayant couru après lui, afin
de l'escorter, furent renvoyés dès qu'ils l'eurent joint. Il revint
de sa course à cinq heures, tout aussi peu accompagné, pour
aller dîner chez Lucien, son frère.

— A propos de la garde consulaire, disons que le corps des
Guides, dont le jeune Beauharnais était capitaine, était composé
de jeunes gens de la meilleure tenue et présentait le plus beau
coup d'œil.

— Un fait qui, selon moi, mérite l'attention, c'est l'opinion
exprimée par le royaliste Mallet du Pan, au sujet de Bonaparte,

dans *le Mercure britannique*. On le voit se joindre à ses admirateurs et aux approbateurs du nouvel ordre de choses. Il convient que Bonaparte travaille avec activité et promptitude à réunir tous les Français : que l'adhésion entière de la république a consacré le gouvernement actuel ; que les opprimés n'ont reçu de lui que des bienfaits ; que les oppresseurs n'en ont éprouvé ni sévérité ni vengeance ; qu'enfin, nos armées sont et seront en force suffisante pour faire face à tous les dangers.

— On ne peut qu'être désireux de connaître les faits et gestes du premier consul.

Voici ce qu'on lit notamment dans *le Publiciste* du 1er ventôse an VIII :

« De Paris, le 30 pluviôse :

« L'acceptation de la Constitution a été proclamée hier à Paris. L'installation officielle du gouvernement aux Tuileries s'est faite aujourd'hui avec beaucoup de pompe ; près de 3000 hommes de différentes armes étaient sur pied, on a surtout remarqué la magnifique tenue de la garde des consuls commandée par le général Murat.

« Le cortège, composé d'environ quarante voitures, s'était réuni au Palais du Luxembourg, d'où il est parti à 1 heure précise. Le beau temps a permis à une foule immense de couvrir les rues, les quais, les Tuileries et surtout le pont ci-devant Royal.

« La marche était ouverte par un piquet de grosse cavalerie. Venaient ensuite les voitures des conseillers d'État, puis la musique militaire, l'état-major de la 17e division militaire et tous les officiers généraux qui se trouvent à Paris, les voitures des ministres, les guides du premier consul, la voiture des consuls attelée de six chevaux blancs, l'état-major de la garde consulaire, la garde à cheval.

« Au moment où la voiture des consuls est entrée dans la cour des Tuileries, le premier consul est descendu et est monté sur l'un de ses chevaux de bataille que l'on tenait prêt. Les deux autres consuls sont montés au vestibule où ils étaient attendus par les conseillers d'État. Ils sont montés ensemble dans les appartements, pendant que le premier consul a passé en revue la garde nationale et les troupes de la 17e division, qui ont ensuite défilé devant lui. Il y a eu plusieurs évolutions brillantes.

« Le premier consul, accompagné de tous les officiers généraux, est monté ensuite dans les appartements où il a installé le Conseil d'Etat.

« La citoyenne Bonaparte était placée avec beaucoup d'autres femmes, aux fenêtres du consul Lebrun, qui donnent sur le pont.

« Pendant que les troupes ont défilé, la musique militaire a exécuté les airs chers aux soldats français.

« On a entendu beaucoup d'acclamations et de cris de « Vive Bonaparte ! » surtout depuis le moment où la voiture du premier consul est sortie du pont ci-devant Royal.

« Le jeune Mameluck venu d'Egypte avec Bonaparte était aussi du cortège.

« Le premier consul, dont la maison n'a pu encore être transportée à son nouveau palais, a donné à dîner aux deux consuls, aux ministres, aux présidents des trois corps constitués, les citoyens Sieyès, Duval et Desmeuniers. Le ministre de l'Intérieur, Lucien Bonaparte, a invité tout le Conseil d'Etat.

« Le général Murat et le premier aide de camp du premier consul ont donné à dîner à tous les militaires ».

Le Publiciste du 2 ventôse an VIII, donne ces autres détails :

« On a remarqué qu'hier, lors de son installation aux Tuileries, le premier consul ôtait son chapeau et inclinait sa tête devant les drapeaux déchirés des 96e, 30e et 40e demi-brigades.

« Pendant qu'il voyait défiler les troupes, il avait à sa droite le général Murat ; à sa gauche, le général Lannes.

« Les deux consuls, pendant la revue, étaient avec les ministres et une partie du Conseil, sur le balcon du palais.

« Lorsque le premier consul est monté dans les appartements, les consuls, les ministres et les conseillers d'Etat sont entrés avec lui dans son cabinet.

« Le ministre de l'Intérieur y a fait introduire et a présenté aux consuls les autorités administratives de Paris. Le ministre de la Guerre a présenté l'état-major et les officiers de la garde ; le ministre de la Marine, les officiers de marine qui se trouvent à Paris.

« Le ministre de l'Intérieur a dit au premier consul en lui présentant les autorités de Paris :

« Consul, je vous présente les administrateurs du département
« de la Seine et des municipalités de Paris. En vous assurant de
« leur dévouement au nouveau gouvernement, je suis non seu-
« lement leur organe, mais celui de la république entière. Tous
« les cœurs s'ouvrent à l'espérance ; déjà la France vous doit
« la pacification de la Vendée ; puisse-t-elle vous devoir bientôt
« celle de l'Europe. »

— Le premier consul se montre à la hauteur de son importante dignité.

De Paris, le 3 ventôse :

« On a remarqué hier quelque chose de nouveau à la présentation du corps diplomatique : du café, du chocolat, du thé et
divers rafraîchissements ont été servis aux membres du corps
diplomatique dans une pièce voisine de celle où se trouvait le
premier consul.

« Il y a eu, après la cérémonie, un grand dîner chez Bonaparte pour les ambassadeurs et ministres étrangers.

« Le premier consul a parlé avec autant de noblesse et d'obli-
geance que de simplicité et de facilité à presque toutes les personnes qui lui étaient présentées : il adressait à chacune d'elles
quelque chose d'agréable, d'encourageant ou d'analogue à ses
fonctions ou aux circonstances ».

Le premier consul a déjà le sentiment de ce que serait sa
cour d'empereur.

— De Paris, 5 ventôse :

« Le titre de *madame* est généralement rendu aux femmes
chez le premier consul et dans les billets d'invitation qu'il leur
fait adresser. Comme elles n'exercent aucun droit politique, la
qualification de *citoyenne* manque de justesse à leur égard et
offre l'inconvénient de ne présenter aucune distinction entre les
personnes mariées et celles non mariées. Cependant, les rapports
généraux de la société rendent souvent cette distinction nécessaire. Le nom de madame a d'ailleurs quelque chose de respec-
tueux pour le sexe et de solennel qui rappelle le *matrona* des
Romains.

« Quant aux hommes, le titre de citoyen est le seul qu'on
leur donne chez le premier consul, à moins qu'ils ne soient des
étrangers ».

— En passant, il s'agit de la reprise, au Théâtre de la République, de la tragédie d'*Oscar*, due au citoyen Arnauld. Voici les vers que ce dernier adressait au général Bonaparte en lui envoyant sa pièce à l'armée d'Italie, lors de la première campagne :

> Toi, dont la jeunesse occupée
> Aux jeux d'Apollon et de Mars,
> Comme le premier des Césars,
> Manie et la plume et l'épée,
> Qui, peut-être, au milieu des camps,
> Rédige d'immortels mémoires,
> Dérobe-leur quelques instants
> Et trouve, s'il se peut, le temps
> De me lire entre deux victoires.

Voilà qui n'est point mal, mais à force d'employer le mot de César, en parlant de Bonaparte, il fallait, en vérité, qu'il le devînt ; c'était comme une prescience.

— Je donne à nouveau la physionomie d'une revue militaire passée par le premier consul, qui comprenait combien cette solennité était du goût des Français.

Lu dans *le Publiciste* du 26 nivôse an VIII :

« Il n'y a pas eu aujourd'hui de parade aux Tuileries, parce que le premier consul a passé au Champ-de-Mars la revue de toutes les troupes qui sont à Paris. On n'avait jamais vu une revue aussi nombreuse et aussi brillante. Un ciel de printemps a sans doute contribué à l'affluence, qui était immense. Ce magnifique emplacement n'avait pas réuni tant de monde depuis le 14 juillet 1789 et l'on croyait voir aussi, pour la première fois depuis, sur tous les visages, un air de contentement national. L'espérance paraît aujourd'hui effacer tout le passé, comme elle embellissait alors tout l'avenir.

« Toutes les rues adjacentes au boulevard étaient remplies de voitures dès onze heures du matin. Il y avait à peu près vingt mille hommes sous les armes. Des évolutions nombreuses et brillantes ont été exécutées avec une grande précision.

« Le premier consul est arrivé à cheval, en grand uniforme rouge, au milieu de son état-major, a midi et demi. Il a été accueilli par les cris de « Vive Bonaparte ! » surtout au moment où il est entré et sorti de l'enceinte du Champ de Mars.

« Les deux consuls et plusieurs ministres étaient avec Mme Bonaparte et sa famille sur le balcon de l'École Militaire.

« Il est difficile de croire que le premier consul n'aime pas à donner souvent, après la paix, ces fêtes militaires au peuple le plus belliqueux de l'Europe, et les revues du Champ de Mars seront bientôt aussi célèbres et attireront des spectateurs aussi illustres que celles de Potsdam. »

— Encore un peu de la Malmaison.

De Paris, le 10 germinal :

« Le premier consul est allé, suivant son usage, passer le décadi à sa terre de la Malmaison. Les deux consuls et un assez grand nombre d'autres personnes y vont, ce jour-là, dîner avec lui. »

— Bonaparte ne néglige rien de ce qui peut rehausser l'Institut.

Voici ce que je lis, en effet, dans *le Publiciste* du 17 germinal an VIII :

« Séance du 15 germinal :

« Il est difficile de voir un spectacle plus brillant que celui qu'a présenté la séance de l'Institut. Une foule nombreuse remplissait, dès midi, la cour du Louvre. Environ 1.500 personnes sont entrées et ont trouvé place dans la salle. A cinq heures et demie, Bonaparte est arrivé ; il était en habit bourgeois, avec Cambacérès et les ministres. Mme Bonaparte était dans les tribunes avec beaucoup d'autres dames. »

— Les bruits de complots que les nouvellistes s'évertuaient à faire courir, n'intimidaient aucunement le premier consul. Je détache ces lignes à dessein d'un article variétés :

. . . .

« Du reste, le premier consul se présente toujours au milieu de ses concitoyens avec la sécurité de l'homme qui sait que, quelque part qu'il soit, il ne peut être entouré que d'amis et d'hommes reconnaissants. Pendant que les fabricateurs forgent et promènent les rêveries qu'ils appellent des complots, le premier consul se montre à tous les regards qui le cherchent. Le calme confiant de sa physionomie, ouverte autant qu'assurée,

répond à l'expression des sentiments de gratitude et de satisfaction que sa présence réveille sur tous les visages. Il y a peu de
jours encore, il était sans suite et sans appareil au milieu d'une
assemblée de 2000 personnes. Au sein d'une nation de 30 millions
d'individus, qui ont mis leur destinée sous la sauvegarde de son
génie, un grand homme n'est jamais seul. »

TROISIÈME PARTIE

Deuxième campagne d'Italie. — Concordat. — Rupture du traité d'Amiens

CHAPITRE I

Evacuation de l'Égypte par les troupes françaises, qui doivent venir grossir l'armée d'Italie. — Un portrait de Bonaparte. — Apprêts de la deuxième campagne d'Italie. — Le premier Consul à Genève. — Le passage du Mont Saint-Bernard. — Batailles de Montebello et de Marengo. Traité de Lunéville. — La paix accueillie avec enthousiasme. — Revue passée par le premier Consul. — Réception des ambassadeurs à la Malmaison. — Fête offerte au premier Consul par le consul Cambacérès. — La machine infernale. Eloge de Mme Bonaparte. — Détails étendus sur le complot de la machine infernale. — Un trait de bienfaisance de Mme Bonaparte. — Une exposition des Beaux-Arts organisée par le premier Consul. — Un ouvrage sur Napoléon Bonaparte. — La Malmaison. — Une fête officielle et allégorique. — Le premier Consul chez le peintre David. — Encore un mot à propos de la machine infernale.

— *Journal des Débats* du 4 floréal an VIII :

« L'évacuation de l'Egypte, remise sous la souveraineté de la Porte est commencée. Kléber avait dû capituler ; mais n'y consentit qu'à des conditions honorables. Cette armée était destinée à renforcer celle que Bonaparte avait levée pour aller une seconde fois en Italie où la fortune des armes nous avait abandonnés, même avec des généraux comme Masséna, Suchet et Oudinot. »

Journal des Débats du 6 floréal an VIII :

Entre temps, et à propos d'un portrait de Bonaparte qui me paraît peu connu et peut-être bien rare à rencontrer aujourd'hui.

Le voici signalé :

« Le citoyen Bacler-Dalbe, ingénieur-géographe, rue des Moulins, n° 542, vient de mettre en vente le portrait de Bonaparte, gravé d'après le beau tableau de Mercoli fils. Cette gravure, d'une grande proportion, mérite d'être distinguée de toutes les autres par sa parfaite ressemblance. Prix : 6 francs. »

— Mais revenons à l'Italie où s'apprête la nouvelle campagne avec Bonaparte à la tête de l'armée, pour la seconde fois. Nos affaires n'y vont pas bien. Masséna est enfermé dans Gênes et s'y défend héroïquement. Le général de Mélas, commandant des armées autrichiennes, vient de le sommer de se rendre. Il lui répond par un refus énergique, car il sait que Bonaparte est en marche avec une armée de réserve et s'attend à être secouru.

Déjà, la garde des consuls et la compagnie des guides, commandée par le jeune Beauharnais, fils de Mme Bonaparte, sont arrivées à Dijon, où, après s'être reposées un jour, elles prirent la route de Genève *(21 floréal)*.

— Bonaparte les avait précédées à Genève et, à cet égard, on ne lira pas sans le plus vif intérêt ce passage d'une lettre écrite de Genève, le 22 floréal :

.   .   .   .

« Vous serez curieux sans doute d'apprendre quelques-unes des circonstances du séjour de Bonaparte parmi nous. Le lendemain de son arrivée, à onze heures du matin, il manda les différents corps de la ville, qui lui furent présentés par le préfet. Le maire lui adressa un compliment agréablement tourné ; il y répondit d'une manière à la fois honnête et flatteuse. Après ces discours de cérémonie, il parla au maire avec une amicale familiarité : « Je sais, dit-il, que les Genevois regrettent un peu « leur indépendance, mais leur réunion à la République Fran- « çaise les rendra plus heureux. Vous verrez qu'à la paix, « ajouta-t-il avec un air de confiance propre à en inspirer, vous « verrez que votre commune fleurira et qu'en peu d'années vous « viendrez à un haut degré de prospérité. Je ne dis point cela

« comme premier magistrat de la République Française, je vous
« parle comme un voyageur qui croit connaître vos intérêts. »

« Il demanda à voir deux syndics qui lui avaient été députés
il y a deux ans, à son retour d'Italie, et il leur dit des choses
agréables. En général, notre ville a été enchantée de lui et de
toute sa suite. Rien de plus honnête et de plus poli que lui et
son état-major.

« Il dîna chez le général Berthier et, le soir, il se rendit chez
Mme de Tournes, à Beaulieu, maison de campagne près de la
ville et qu'il pensait à louer si les événements le mettaient dans
le cas de faire quelque séjour parmi eux. A son retour à Genève,
il trouva un arc de triomphe élevé pour lui et bien illuminé.
Son hôtel le fut aussi.

« Le lendemain, il alla voir Mme de Saussure. Il passa une
demi-heure chez cette dame et s'y montra on ne peut plus ai-
mable : « Je vous dois une visite, madame, à plus d'un titre, et
« comme à la veuve d'un homme justement célèbre, et vous re-
« mercie de l'excellent logement que vous avez bien voulu me
« donner. » (Il occupe l'étage au-dessus, qui est le logement de
M. Necker, gendre de Mme de Saussure). « J'ai donné ordre qu'on
« ne fît pas de bruit et que l'on fût le moins indiscret possible. »

« Le soir, il se rendit chez le préfet. Le coup d'œil fut véri-
tablement beau, quand il arriva. Quarante jolies femmes, toutes
vêtues de blanc et parées avec beaucoup de goût et d'élégance,
occupaient le tour de la salle ; les hommes étaient rangés der-
rière : elles se levèrent toutes à l'approche du premier consul,
qui put jouir tout à son aise du charmant spectacle et le considé-
rer à loisir, parce que rien ne les masquait. Ensuite, les hommes
formèrent un groupe autour de lui et l'entretinrent. Les pro-
fesseurs Prévost et Pictet, les docteurs Œdier et de la Rive par-
lèrent sciences, physique et voyages. Le discours tomba naturellement sur l'Egypte. Bonaparte fournit beaucoup à cette conversation ; il raconta quelques anecdotes qui firent beaucoup rire.
Les hommes et les femmes qui se trouvaient immédiatement der-
rière ce cercle, tâchaient d'attraper quelques phrases, et les
personnes qui n'étaient pas à portée d'entendre, considéraient le
jeu de sa physionomie. Le consul resta debout pendant deux
heures entières. Ses aides de camp étaient surpris de sa cons-
tance : « Il faut, disaient-ils, que la conversation soit bien
nourrie et bien de son goût. »

Ce petit épisode tout intime de Bonaparte, n'est-il pas rempli d'attraits ?

— Le premier consul ne va pas tarder à pénétrer en Italie où il compte briser les derniers efforts de la coalition contre la France.

Rien d'intéressant comme le passage si célèbre du Mont Saint-Bernard et je ne puis résister au désir d'en donner les principaux détails, d'après le Bulletin même de l'armée de réserve, en date, à Aoste, du 4 prairial :

« L'armée a passé le Saint-Bernard dans les journées des 28, 29 et 30 floréal; le 26, la division du général Chabran a passé le Petit Saint-Bernard. La grande difficulté était pour le passage de l'artillerie. Le Saint-Bernard était couvert de neige et la montée extrêmement rapide. Le général Marmont, commandant l'artillerie, a employé deux moyens.

« Le premier, un simple arbre qu'on a creusé en forme d'auge, dans laquelle on a couché les pièces de 8 et les obusiers. Cent hommes s'attelaient à un câble, traînaient la pièce et mettaient deux jours pour la faire passer le Mont Bernard.

« Le second moyen était des traîneaux sur roulettes, que le chef de brigade Gassendi avait fait faire à Auxonne. Les affûts ont été démontés et portés pièce par pièce, hormis les affûts de pièces de quatre, que dix hommes portaient sur des brancards. On a été obligé de décharger les caissons, de les faire passer à vide, en mettant les munitions dans des caisses que portaient les hommes ou des mulets.

« La 24e légère, la 43e et 96e de ligne ont passé le 1er prairial. Elles ont mis deux jours à effectuer leur passage, n'ayant pas voulu abandonner leur artillerie et ayant préféré bivouaquer dans la neige et en ordre. Dans les pas les plus difficiles, les troupes s'encourageaient en battant la charge, spectacle imposant, s'il en fut jamais.

« Le premier consul est descendu du haut du Saint-Bernard en se ramassant sur la neige, traversant des précipices et glissant par dessus des torrents. Disons encore que le premier consul avait fait donner 50.000 francs aux pères du couvent du Mont Saint-Bernard, pour qu'ils fournissent à chaque soldat une demi-bouteille de vin et que l'armée française fut très satisfaite de leurs soins. »

Tout cela fut merveilleux. Le plus difficile était fait ; la prise d'Aoste, le 9 prairial, en fut la conséquence.

Voici Bonaparte entré dans le Piémont. Aussitôt il conçoit, dirige et exécute ce vaste plan d'attaque et ces savantes manœuvres qui le rendirent maître de places importantes ; il entra en triomphateur dans Milan, aux acclamations d'un peuple immense qui revoit son libérateur. Des actions de grâces furent rendues au ciel ; un *Te Deum* fut chanté. Napoléon assista à cette cérémonie religieuse.

Pavie (3 juin 1800), Lodi, Cassano tombent au pouvoir des Français. Le général autrichien Mélas veut concentrer ses forces dans les places fortes du Piémont. Bonaparte l'attaque et remporte une victoire éclatante dans les plaines de Montebello (9 juin 1800). L'Autriche augmente ses armées, elle ordonne à ses généraux de livrer une bataille générale. L'action s'engage : tout paraissait annoncer la déroute de notre armée ; au milieu de cette confusion, le premier consul donne ses ordres avec ce sang-froid qui lui est propre ; il commande en général et combat en soldat ; il voit les obstacles et les dangers et il n'en est point effrayé. Partout il voit la mort et la regarde en face ; il parcourt les rangs, embrasse le champ de bataille de ses regards perçants : « Soldats, s'écrie-t-il, souvenez-vous que mon habitude est de coucher sur le champ de bataille. » Il inspire cette valeur, cette confiance qui précèdent et enfantent les grands succès ; il est habile à saisir, avec tranquillité, ces instants rapides qui décident des victoires. L'élan est donné, tous les corps s'ébranlent, rien ne résiste devant eux, les Autrichiens sont sabrés au pas de charge, l'arme blanche fait rage partout, ils sont vaincus et dispersés ; les clameurs de triomphe des vainqueurs les affolent, c'est une déroute complète. Telle fut la bataille de Marengo (14 juin 1800) qui fixa les destinées de l'Italie et sauva le midi de la France d'une invasion. Cette campagne fut aussi brillante que rapide ; elle nous livrait toutes les places de la Lombardie et du Piémont. Le résultat fut la paix de Lunéville (19 septembre 1800) imposée à l'Autriche et la perte pour elle des Pays-Bas, de la Lombardie et de la Toscane ; et il s'ensuivit enfin que tout le continent se soumit à la République Française.

Il y eut malheureusement une ombre à cette grande victoire de Marengo, c'est la mort du général Desaix, qui y avait contribué pour sa grande part ; c'était, de beaucoup, l'un des meilleurs généraux de Bonaparte.

A Montebello, le général Lannes y joua de même un grand rôle, ce qui lui dut d'être nommé plus tard duc de Montebello par l'empereur Napoléon.

Ah ! quelle belle époque de gloire ! quel beau carillon national sonnent ces cloches qui ont nom : Montebello et Marengo !

— La paix est accueillie de toutes parts avec allégresse. Le premier consul goûta enfin le repos à son château de la Malmaison.

— De Paris, 5 prairial an IX :

« Le premier consul a passé la revue, a dîné chez le consul Lebrun et est retourné aussitôt à la Malmaison. »

De Paris, 18 prairial :

« Le premier consul est revenu hier de la Malmaison. Il a reçu les ambassadeurs et leur a donné à dîner. »

— Un joli tableau de fêtes sous le premier consul :

Journal des Débats du 19 vendémiaire an IX :

« La fête donnée par le consul Cambacérès pour l'anniversaire de l'arrivée de Bonaparte en France, c'est-à-dire de son débarquement à Fréjus, a été parfaitement exécutée. Ozzi, Frédéric Duvernoy et Rodes ont chacun joué un morceau avec leur supériorité accoutumée ; Mme Grassini a donné de nouvelles preuves de son inimitable talent, surtout dans un duo chanté avec Garat. Le concert a été suivi d'un souper. On a dansé jusqu'à deux ou trois heures du matin. Le premier et le troisième consuls, le corps diplomatique et divers membres des autorités constituées ont assisté à cette fête, embellie par une réunion de très jolies femmes. »

— *Journal des Débats* du 27 vendémiaire an IX :

« Le premier consul vient d'échapper au terrible danger de l'explosion d'une machine infernale. Son éclat et sa puissance lui avaient fait de si nombreux ennemis !

« Le premier consul recevait en audience, à cette occasion, le préfet de la Seine, le secrétaire général de la préfecture, les maires et adjoints des douze municipalités de Paris.

« Du discours du préfet, il demande surtout à retenir le passage suivant : « La Providence qui, en vendémiaire an VIII,
« vous ramena d'Egypte et qui, à Marengo, sembla vous préserver
« malgré vous de tous les périls du sein desquels vous fîtes sor-

« tir la victoire, qui, enfin, le 17 vendémiaire an IX vient de vous
« sauver de la fureur des assassins, est, permettez-nous de vous
« le dire, la Providence de la France bien plus que la vôtre ; elle
« n'a pas voulu qu'une année si belle, si pleine d'événements
« glorieux et destinée à occuper une aussi grande place dans le
« souvenir des hommes, terminée tout à coup par un détestable
« crime, méritât ainsi d'être retranchée de nos annales. »

— Un éloge point banal tiré du *Courrier de Londres*, du
15 vendémiaire :

« D'après les relations d'un homme considérable qui arrive de
France et qui, par la nature de ses rapports, a été dans le cas
de voir de près les nouveaux possesseurs des Tuileries, le premier consul a les meilleures intentions du monde ; tout ce qui
l'approche cherche à seconder ses vues. Mme Bonaparte continue
à obtenir l'estime et le suffrage publics ; Mlle Beauharnais a toutes
les grâces d'une jolie figure et d'une belle âme ; enfin, le premier consul fait très bonne « chair. » Les gourmands trouvent seulement qu'on y dîne trop vite : ils s'en plaignent avec amertume !

Cet éloge fut fait par M. de Montlausier.

— Nous venons de parler de la machine infernale dirigée contre
le premier consul ; mais je n'ai point encore donné de détails
à son sujet. En voici d'étendus que j'ai trouvés dans le *Journal
des Débats* du 26 vendémiaire an IX :

« Paris, 25 vendémiaire :

« Voici, sur l'événement qui occupe toute la France, des détails sur lesquels on peut compter : un individu écrivit au citoyen
Bourienne, secrétaire intime du premier consul, pour lui annoncer qu'il avait des choses importantes à lui communiquer. Bourienne le fit venir : « Je vous apprends, dit celui-ci, que la vie
« de Bonaparte est dans le plus grand danger. Il y a huit per-
« sonnes qui sont résolues à l'assassiner. Je suis de ce nombre.
« Le remords que j'éprouve me force à vous faire cet aveu. »
Bourienne court chez le ministre de la police qui demande si le
jour où le crime devait être commis était fixé. « Il ne l'est pas
« encore, lui répond-on, parce que les conjurés attendent qu'ils
« soient au nombre de douze. » « Il est aisé, réplique le ministre,
« de leur donner quatre personnes qui feindront de prendre part
« à leur dessein et qui nous donneront les moyens de le faire

« avorter. » On charge l'individu qui est venu faire sa déclaration de présenter ces quatre personnes à ses camarades. Il le fait, chacune d'elles va toucher trente louis chez une personne qui est connue ; on se réunit chez un restaurateur. A la fin du repas, on fixe le jour où l'assassinat doit être commis. On choisit le jour de la première représentation de l'opéra des *Horaces*, dans l'espérance qu'il sera plus facile, au milieu d'une grande foule dont on augmentera le désordre en faisant quelques tentatives pour mettre le feu, ou du moins pour exciter beaucoup de fumée dans la salle. Le jour arrive, le ministre de la police instruit de tout le premier consul. « Que voulez-vous que nous fassions et que voulez-vous faire ? » finit-il par lui dire. — « J'irai », répond le consul. On augmente la garde qui devait l'accompagner. Mme Bonaparte s'en aperçoit, en demande la raison à son époux qui lui répond que comme il doit y avoir une grande foule, il a cru convenable d'avoir plus de monde autour de lui. Arrivée avec lui dans sa loge, elle remarque que le ministre de la police, le préfet de police et quelques autres personnes entraient, sortaient, revenaient avec un air de préoccupation qui lui en fit demander la cause à son mari. « Ce n'est rien, dit-il, occupe-toi de la pièce... » Un instant après, le ministre de la police arrive, annonce qu'ils sont arrêtés et que l'on a trouvé sur plusieurs des poignards et des mèches phosphoriques.

« Le scélérat Cerachi ne mettait tant d'éclat dans la manière d'annoncer le buste du premier consul, qu'il prétendait vouloir faire, que dans l'espoir d'avoir occasion de l'approcher et de consommer le crime atroce qu'il méditait. Il faisait solliciter une entrevue particulière pour lui sous ce prétexte, et le 17, veille de son arrestation à l'Opéra, il avait écrit à Mme Bonaparte pour la prier de la lui faire obtenir. »

— Un beau trait de bienfaisance de la part de Mme Bonaparte (*Journal des Débats* du 2 brumaire an IX) :

« Les établissements des soupes se multiplient dans la capitale. Mme Bonaparte, dont il faut emprunter les traits pour peindre la bienfaisance, en établit un dans la division des Tuileries. En venant ainsi au secours de l'indigence sur laquelle les rigueurs de l'hiver et la cherté des denrées doivent inspirer quelque inquiétude, Mme Bonaparte donna un exemple qui aura des imi-

taleurs parmi les personnes riches ; car c'est justifier la fortune,
que de la rendre utile aux pauvres. Le premier consul a pris
mille abonnements. »

— Une exposition des Beaux-Arts inaugurée par le premier
consul avec la plus grande solennité :

Paris, 17 brumaire an IX :

« Le premier consul, accompagné du citoyen Lebrun, troisième
consul, de Mme Bonaparte, de Mlle Beauharnais, du citoyen
Benesech, conseiller d'Etat, du général Murat, du citoyen Denou,
l'un des savants de l'expédition d'Egypte, des adjudants généraux
et aides de camp Duroc, Lebrun, Beauharnais, etc., s'est rendu
au Musée Central des Arts et a visité le Salon d'exposition des
productions des peintres vivants. Il est ensuite descendu dans
les salles d'expositions des statues antiques, dont l'ouverture
aura lieu le 18 brumaire.

« Après avoir examiné avec une attention marquée chacun des
monuments précieux que ces salles renferment, le citoyen
Humbert, administrateur et les membres du Conseil d'administration, l'ont introduit dans la salle où se trouve l'Apollon
Pythien. Arrivé en présence de cette magnifique statue, le citoyen
Vien, membre du Conseil, lui a présenté, au nom de l'administration, l'inscription gravée sur une plaque de bronze, destinée à
être fixée sous la statue et l'a invité à vouloir la placer lui-même.

« Le premier consul a bien voulu se rendre à cette invitation.
Il a pris l'inscription des mains du citoyen Vien et l'a intercalée
lui-même entre le piédestal et la plinthe de la statue. « Puisse
« cette inscription, lui a dit l'administrateur, être immortelle
« comme votre nom. »

Voici cette inscription :

La statue d'Apollon qui s'élève sur ce piédestal,
trouvée à Antium sur la fin du XVe siècle,
placée au Vatican par Jules II au commencement du XVIe,
conquise l'an V de la République par l'armée d'Italie,
sous les ordres du général Bonaparte,
a été fixée ici, le 21 germinal an VIII,
première année de son consulat.

Au revers de la plaque est gravé :

6

Bonaparte, premier consul
Cambacérès, deuxième consul
Lebrun, troisième consul
Lucien Bonaparte, ministre de l'Intérieur

Je pense que cette statue est toujours dans nos musées ; mais cette plaque gravée, en a-t-on encore connaissance ? Sinon, voilà une fois de plus qui démontre l'utilité de conserver les vieux journaux et de les consulter.

— *Journal des Débats*, du 23 brumaire an IX :

Qu'il serait curieux de pouvoir tomber aujourd'hui sur un ouvrage qui parut à Altona, le 11 brumaire, avec ce titre :

Napoléon Bonaparte peint comme homme, citoyen, militaire et gouvernant, avec des observations sur la nouvelle Constitution de la République Française.

Par exemple, on n'en nomme pas l'auteur.

— Paris, 29 nivôse. La Malmaison était synonyme de calme et de repos pour le premier consul :

« Le premier consul est parti hier, à trois heures et demie, pour la Malmaison. Il paraît qu'il y passera trois jours : plusieurs ministres y ont été travailler ce matin. »

— *Journal des Débats*, 28 prairial an IX.

Une fête qui sort de l'ordinaire.

Paris 27 prairial :

« La fête donnée, le 25, au comte de Livourne (roi d'Etrurie), n'a pas été moins brillante ni moins bien ordonnée que les fêtes précédentes. Celle-ci était analogue à la circonstance de l'anniversaire de la bataille de Marengo. Dans une salle spacieuse et décorée militairement, le comte de Livourne, Mlle de Beauharnais et le ministre de la Guerre ont ouvert le bal à dix heures du soir. Après quelques contredanses et quelques valses où se faisaient admirer tout à la fois la parure et les grâces des plus jolies femmes de Paris, on s'est rendu dans le jardin qui était illuminé. Là, était dressée une table immense, en fer à cheval, au milieu d'un camp qui l'entourait sans la gêner. Ce camp était formé de la 17e demi-brigade, qui a décidé le sort de la journée de Marengo. Un feu de bataille bien exécuté, pendant le repas, des galeries de canons artificiels placés perpendiculairement et disposés de manière à former un vaste péristyle. D'autres attributs également propres à retracer les grandes images que l'on s'était proposé d'offrir, un ballon s'élançant rapidement dans les airs et sillonnant l'épaisseur de la nuit, du nom de Marengo tracé en caractères de feu, telles ont été les nuances particulières qui ont distingué cette fête de celles des autres ministres. »

— En effet, rien ne pouvait mieux tenter un artiste :

« Après la revue du 5, lisais-je, le premier et le troisième consuls se sont rendus à l'atelier du peintre David. Cet artiste s'occupe en ce moment de faire le portrait de Bonaparte franchissant le Mont Saint-Bernard. »

(Journal des Débats du 30 prairial an IX).

— Encore un mot à propos de la machine infernale.

Si les royalistes, plus tard, reprochèrent gravement à Bonaparte l'assassinat du duc d'Enghien, quoiqu'il ait pu jusqu'à un certain point invoquer la raison d'Etat, ils oublièrent, à ce moment, qu'eux aussi avaient trempé dans des attentats contre lui, même quand ils lui devaient la vie, pour les avoir rappelés dans leur patrie et rayés, comme émigrés, du registre de l'échafaud. En effet, on compta jusqu'à sept tentatives d'assassinat contre Bonaparte.

On peut dire — et il n'en manifesta jamais de regret — que Bonaparte exerça une magnanimité périlleuse.

CHAPITRE II

*Le traité d'Amiens parachevant les préliminaires de la
paix, — Réouverture des églises et nomination de l'archevêque de Paris. — Le légat du pape Pie VII. — Installation du nouvel archevêque de Paris, le dimanche des
Rameaux. — Le Concordat rendu officiel. — Grande
solennité du jour de Pâques à Notre-Dame. — Ratification
du traité de paix d'Amiens. — Don d'une bibliothèque
par Bonaparte aux Invalides. — Assemblée chez Mme
Bonaparte. — Sa grande charité, — Un autre ouvrage
sur Bonaparte. — Bonaparte et Jeanne d'Arc. — Jean
Peltier, le fameux auteur des* Actes des Apôtres, *adversaire acharné de Bonaparte.*

— On avait, en effet, bien soif de paix, de plus en plus grande
malgré tant de triomphes, malgré tant de gloire.

Voici ce qui est dit dans le *Journal des Débats* du 14 vendémiaire an X :

Paris, 13 vendémiaire :

« Le premier consul, en revenant hier de la Malmaison, a
trouvé, à son arrivée, les premières autorités qui venaient le
féliciter sur l'heureuse signature des préliminaires de la paix
avec l'Angleterre. »

Suivant ces préliminaires, les hostilités cessaient sur tous les
points. Après la signature du traité définitif (27 mars 1802), les
Anglais devaient rendre à peu près tout ce qu'ils avaient conquis
durant la guerre. Ils se réservaient la faculté de faire, en con-
currence, le commerce au cap de Bonne-Espérance. Ils conser-
vaient l'île de Ceylan et celle de la Trinité. L'Egypte rentrait
sous la domination de la Porte et Malte devait être rendue à
l'ordre de Saint-Jean de Jérusalem, sous la protection d'une
tierce puissance à désigner dans le traité définitif. Les prisonniers de guerre, de part et d'autre, devaient être rendus en masse
et sans rançon. Ce traité réglait, au surplus, beaucoup de détails
accessoires, tels que le mode à suivre pour les comptes, pour
nourriture et habillement des prisonniers, la levée des séquestres
apposés par suite de la guerre et autres objets. La paix défini-

tive devait être signée à Amiens; c'est lord Cornwalis qui devait
y venir comme ministre plénipotentiaire de Sa Majesté britannique.

— « Voici les églises réouvertes, le premier consul vient de
nommer à l'archevêché de Paris, le citoyen J.-B. Dubelloy.

« M. Dubelloy est évêque démissionnaire de Marseille. C'est
un vieillard nonagénaire, jouissant de la meilleure santé et de
toute la force de son esprit et non moins vénérable par ses
vertus que par son grand âge. »

(*Journal des Débats* du 20 germinal an X).

— Et la consécration officielle du rétablissement de la religion
catholique en France, résida dans la présentation du cardinal
Caprara et dans les paroles même qu'il prononça.

Des voitures du gouvernement étaient allées prendre Son
Eminence à son palais. Le 20 germinal, à une heure, le légat
s'est rendu aux Tuileries. Il était précédé d'un détachement de
grenadiers de la gendarmerie avec les trompettes; des officiers
étaient aux portières de sa voiture. Le cortège était composé de
dix voitures remplies d'ecclésiastiques et escortées par deux
cents hommes de cavalerie et de dragons. Le légat et son cortège sont descendus à la principale entrée du palais, précédés,
selon l'usage, de la croix qu'on portait devant Son Eminence et
qui, pendant la cérémonie, est restée sur l'escalier, à la porte
d'entrée du Conseil d'Etat.

Le légat, suivi de douze prélats ou prêtres, a été introduit par
les préfets du palais dans le cabinet des consuls où étaient
réunis les trois consuls et les conseillers d'Etat. Il a lu le discours suivant :

« Général premier consul,

« C'est au nom du Souverain Pontife et sous vos auspices
que je viens remplir au milieu des Français les augustes fonctions de légat *a latere*.

« Je viens au milieu d'une grande et belliqueuse nation, dont
vous avez rehaussé la gloire par vos conquêtes et assuré la
tranquillité extérieure par une paix universelle et au bonheur
de laquelle vous allez mettre le comble, en lui rendant le libre
exercice de la religion catholique. Cette gloire vous était réservée,
général consul, le même bras qui gagna des batailles, qui signa
la paix avec toutes les nations, redonne de la splendeur aux
temples du vrai Dieu, relève ses autels et raffermit son culte.

« Consommez, général consul, cette œuvre de sagesse si longtemps désirée par vos administrés, je ne négligerai rien pour y concourir.

« Interprète fidèle des sentiments dn Souverain Pontife, le premier et le plus doux de mes devoirs est de vous exprimer ses tendres sentiments pour vous et son amour pour tous les Français. Vos désirs régleront la durée de ma demeure auprès de vous. Je ne m'en éloignerai qu'en déposant entre vos mains les monuments de cette importante mission, pendant laquelle vous pouvez être sûr que je ne me permettrai rien qui soit contraire aux droits du gouvernement et de la nation. Je vous donne pour garant de ma sincérité et de la fidélité de ma promesse, mon titre, ma franchise connue et, j'ose le dire, la confiance que le Souverain Pontife et vous-même m'avez accordée. »

Le premier consul a répondu en ces termes :

« Les vertus apostoliques qui vous distinguent, monsieur le cardinal, me font vous voir, avec plaisir, dépositaire d'une aussi grande influence sur les consciences.

« Vous puiserez dans l'Evangile les règles de votre conduite et par là, vous contribuerez puissamment à l'extinction des haines, à la consolidation de l'union dans ce vaste empire. Le peuple français n'aura jamais qu'à s'applaudir du concert qui a eu lieu entre Sa Sainteté et moi, dans le choix de votre personne.

« Le résultat de votre mission sera, pour la religion chrétienne qui, dans tous les siècles a fait tant de bien aux hommes, un nouveau sujet de triomphe.

« Elle en recevra de nouvelles félicitations du philosophe éclairé et des véritables amis des hommes. »

Puis eurent lieu les présentations. Au sortir du cabinet des consuls, le légat a été faire visite à Mme Bonaparte et a été reconduit à son palais par le même cortège.

La bulle de la nomination du légat exprime, de la part du Pape, les plus grandioses et les plus nobles sentiments à l'égard de la France.

Il est des documents bien remarquables, dont je donnerais volontiers la teneur, s'ils n'étaient d'une étendue aussi considérable.

— De Paris, 21 germinal :

« Aujourd'hui, dimanche des Rameaux, M. l'archevêque de Paris a été installé solennellement dans l'église cathédrale par le cardinal légat assisté d'un nombreux clergé et d'un concours immense de fidèles. Le ministre de l'Intérieur était présent à cette cérémonie. »

Mais voici la grande fête religieuse par excellence, à l'occasion du rétablissement de la religion catholique en France, fête qui coïncidait avec la ratification par le premier consul du traité définitif de paix entre la République et Sa Majesté britannique.

— De Paris, 28 germinal :

« Ce matin, à huit heures, la loi du 18 germinal sur le Concordat et l'organisation des cultes, a été publiée avec la plus grande solennité dans tous les quartiers de Paris, par le préfet de police accompagné des douze maires et de leurs adjoints, des commissaires de police, des officiers de paix, des officiers de l'état-major de la place et de ceux de la gendarmerie de la Seine. Le cortège était précédé et escorté de plusieurs détachements de cavalerie, de gendarmerie et de dragons ayant à leur tête un corps de trompettes.

« La journée d'aujourd'hui était doublement un jour de fête pour les Français chrétiens, c'est-à-dire pour l'immense majorité du peuple français, puisque à l'auguste solennité de tout temps célébrée dans l'Église (le jour de Pâques), se rattachait encore la célébration du rétablissement et, s'il est permis de parler ainsi, de la résurrection de la religion en France.

« Cette double fête a été célébrée à Notre-Dame, aux applaudissements d'un concours de peuple immense, joyeux de pouvoir, en liberté, adorer le Dieu de ses pères et jaloux de témoigner sa reconnaissance à celui à qui nous devons un si précieux bienfait. Les précautions prises pour maintenir l'ordre au milieu de l'affluence d'une nombreuse multitude, ont eu le plus heureux succès, malgré un événement dont nous avons été témoins, mais qui ne nous a pas paru avoir des suites désastreuses : le peuple impatient d'entrer dans l'église, a forcé la garde, qui, après quelque résistance, a bientôt repris son poste. De onze heures à midi sont arrivés successivement le clergé, le légat, les prélats assistants, les prélats français, parmi lesquels on a distingué particulièrement le vénérable archevêque de Paris donnant sa bénédiction à un peuple immense qui la recevait avec attendrissement et respect. A peu près dans le même temps, sont arrivées les autorités constituées, civiles, militaires et judiciaires. Toutes les places, réglées et fixées d'avance, étaient occupées avec le plus grand ordre. Bientôt on a vu paraître le corps diplomatique, les ministres et enfin les consuls sont arrivés à une heure. Le légat et les évêques sont allés à leur rencontre et les consuls sont arrivés au bruit des tambours battant au champ et d'une musique militaire, à laquelle le bourdon mêlait ses sons graves et majestueux.

« Les spectateurs, qui jusque-là avaient gardé le plus grand ordre et observé tous les égards de la politesse les uns à l'égard des autres, n'ont pu se contenir, leur impatience de voir celui qui les avait rassemblés pour cette grande solennité, les a fait s'élancer rapidement et escalader les banquettes et les chaises. Bientôt le calme a été rétabli. La messe a été célébrée par le cardinal-légat avec tout l'appareil que lui donnait autrefois la présence des régiments battant au champ et présentant les armes pendant l'élévation. Les évêques ont prêté entre les mains du premier consul l'ancien serment d'usage. Mme Louis Bonaparte a fait la quête.

« M. de Boisgelin, archevêque de Tours, a prononcé un discours. Cette belle et imposante cérémonie a été terminée par un *Te Deum* exécuté de la manière la plus brillante, et dans cette exécution, on ne sait ce que l'on doit le plus admirer, ou de la beauté des voix, ou des savants accords des instruments.

« Le cortège est sorti de Notre-Dame conservant l'ordre dans lequel il était venu. La voiture du premier consul était précédée par six superbes chevaux menés en main par des Mamelucks; elle était entourée et suivie par une foule immense qui lui prodiguait avec transport les plus vifs applaudissements. Les personnes au service des ministres étaient en livrée jaune galonnée en or. Les domestiques des ministres étrangers portaient leurs livrées particulières. Toutes les voitures des ministres français et étrangers étaient attelées de quatre superbes chevaux. Enfin, on n'avait point négligé cette pompe et cette magnificence propres à jeter de l'éclat sur cette importante cérémonie. »

Quelques autres détails qui ne manqueront pas d'intéresser :

« La nef de l'église cathédrale était décorée de superbes tableaux et des plus riches tapisseries des Gobelins. Il y avait deux orchestres, que conduisaient Méhul et Chérubini. Des deux tribunes qui séparent le chœur de la nef, l'une était occupée par les ambassadrices, l'autre l'était par la famille du premier consul. Mme Bonaparte avait à sa droite Mme Bonaparte la mère, qui, d'un regard pouvait voir ses cinq fils réunis dans la même solennité et se trouvait comme placée entre eux et le ciel qui les lui a donnés.

« La quête s'est élevée à 700 louis, elle a été faite par Mlles Lebrun, fille du consul ; Deluçay, fille d'un des préfets de Paris ; Mme Savary, épouse de l'aide de camp consulaire, colonel de la gendarmerie d'élite. Ces dames étaient conduites chacune par un officier de la garde. »

On trouvera d'autant plus marquants ces détails sur le Concordat dû au génie de Bonaparte, que la loi de séparation actuelle des Eglises et de l'Etat vient de l'annuler.

— La bienveillance de Bonaparte à l'égard des Invalides ne se dément pas.

De Paris, 27 frimaire :

« Le premier consul, voulant donner aux militaires invalides un nouveau gage de sa bienveillance particulière, vient de leur faire présent de son portrait peint par David. Il sera placé demain lundi et au bruit de 24 coups de canon, dans la bibliothèque du magnifique hôtel qui leur sert d'asile et où le jour a été trouvé le plus favorable à la peinture. Cette faveur du premier consul lui acquiert de nouveaux droits à la reconnaissance et à l'amour des braves qui ont si vaillamment combattu pour lui et auxquels il ne cesse de donner chaque jour des preuves du plus vif intérêt. »

— C'est bien une cour maintenant que tient Mme Bonaparte.

De Paris, 19 nivôse :

« Il y a eu, mercredi dernier, assemblée chez Mme Bonaparte. Au nombre des étrangers de distinction qui s'y rendirent, se trouvaient beaucoup de Russes. Mme la duchesse de Dorset, épouse de l'ambassadeur d'Angleterre ; la duchesse de Gordon, lady Georgina et lady Cholmondeley, assistèrent également à cette assemblée. Lord Withworth, ambassadeur d'Angleterre, se rendit le même jour à Saint-Cloud, dans une voiture magnifique attelée de chevaux gris. »

— La charité de Mme Bonaparte était bien connue.

Voici ce qu'on apprend de Versailles, 25 nivôse :

« Le maire de Saint-Cloud écrit au préfet que Mme Bonaparte a fait don aux pauvres de cette commune d'une somme de 1500 francs pour l'établissement de soupes à la Rumfort pendant l'hiver ; que sa sollicitude s'est étendue jusqu'à l'hospice dont elle a voulu connaître l'état : elle lui donne 6000 francs pour payer ses dettes et prend à sa charge le traitement des sœurs : elle donne à chacune 300 francs, à la fille de peine 200 francs et au jardinier 500 francs. »

— On ne doute pas qu'il se publia des livres sur le général Bonaparte de son vivant même. C'est ainsi que je vois cette annonce dans le *Journal des Débats* du 23 janvier 1803 :

La vie de Bonaparte, premier consul de la République Française et pacificateur de l'Europe, depuis sa naissance, jusqu'au 18 brumaire an X.

Et ornée d'un portrait.

Un volume in-8°. Prix 2 fr. 50 et 3 francs par la poste.

On n'en indique pas l'auteur, mais il serait curieux à découvrir.

— Un beau, un très beau trait de la part du premier consul. De Paris, 28 pluviôse :

D'après le vœu des habitants d'Orléans, le Conseil municipal de cette ville avait pris une délibération « pour la réédification d'un monument en l'honneur de Jeanne d'Arc, libératrice de la France envahie par les Anglais, sous le règne de Charles VII. »

En voici un passage aussi remarquable qu'éloquent :

« Quel Français peut voir d'un œil sec les débris des statues élevées à cette héroïne ?

« Si un régime à jamais exécrable a marqué par des monceaux de ruines et par une longue trace de sang et de larmes, son passage dans notre malheureuse patrie, hâtons-nous d'en effacer jusqu'au souvenir ; qu'il n'en reste que pour servir de leçon à nos neveux ; réparons nos temples, nos monuments, que l'ouragan a renversés et gravons sur le marbre, comme dans les cœurs de tous les Français, la reconnaissance éternelle de la patrie envers une guerrière qui l'a délivrée du joug étranger. Quelle époque plus favorable à la réédification du monument national qu'on propose, que celle où un héros a donné la paix à l'Europe, après avoir vengé par d'innombrables victoires, l'éclat de nos armes terni jadis par des défaites, fruit de nos discordes intestines. Quel moment plus propre que celui où le guerrier pacificateur a réuni les débris de nos autels dispersés, rappelé des ministres errants et proscrits et rétabli sur ses bases inébranlables le culte antique et sacré qui produisit tant d'hommes illustres et d'intrépides guerriers! Puisse ce moment éterniser dans l'âme de tous les Français le véritable amour de la patrie, la haine des factions, des discordes civiles, des étrangers qui en attisent le feu et enfin la gratitude du peuple français envers ses libérateurs! »

. . . .

En marge de la délibération du Conseil municipal d'Orléans, le premier consul avait mis l'apostille suivante :

« Écrire au citoyen Crignon-Désormaux, maire d'Orléans, que cette délibération m'est très agréable.

« L'illustre Jeanne d'Arc a prouvé qu'il n'est pas de miracle que le génie français ne puisse produire dans les circonstances où l'indépendance nationale est menacée.

« Unie, la nation française n'a jamais été vaincue; mais nos voisins plus calculateurs et plus adroits, abusant de la franchise et de la loyauté de notre caractère, semèrent constamment parmi nous ces dissensions d'où naquirent les calamités de cette époque et tous les désastres que rappelle notre histoire.

« Paris, le 10 pluviôse an XI.

« *Le premier consul*, signé : BONAPARTE. »

— Le fameux auteur des *Actes des Apôtres*, Jean Peltier, eut à compter avec la justice anglaise.

De Londres, du 21 février 1803, on apprend que l'instruction du procès de Peltier s'est faite hier à la Cour du banc du roi. La plainte porte que Jean Peltier a malicieusement et à mauvaise intention écrit des libelles, dans lesquels il a cherché à diffamer et avilir Napoléon Bonaparte, premier consul de la République Française; à exciter les citoyens de ladite République à s'armer contre le premier consul; à troubler et détruire la bonne intelligence qui subsiste entre les deux nations, etc. Le jury a déclaré Peltier coupable.

De Londres, le 22 février :

Le procès de Peltier avait attiré un concours prodigieux de spectateurs. Les ambassadeurs de France, de Portugal et de Danemark ont assisté à la séance qui a duré sept heures.

L'attorney général, M. Abbot, a répliqué au défenseur de l'accusé, Mackintosh :

« Il ne s'agit, a-t-il dit, que de savoir si l'on peut excuser ou tolérer l'action d'une personne qui cherche à diffamer le premier magistrat d'une nation qui est en paix avec nous et qui, en outre, veut exciter ceux qui sont gouvernés par ce premier magistrat à se défaire de lui par l'assassinat. L'ouvrage qui fait le sujet de l'accusation sur laquelle vous avez à prononcer, n'est point un simple récit de faits particuliers avec les réflexions résultant de ces mêmes faits ; son premier but a été la diffamation. »

Il a décrit ensuite la vignette emblématique qui était en tête de l'*Ambigu* et où tout le monde avait reconnu Bonaparte ; puis il a cité les différents passages énoncés dans l'*Information*, en faisant voir dans quel esprit ils avaient été écrits. Il a dit qu'on y voyait l'assassinat recommandé en termes formels et que, pour l'honneur de l'Angleterre, un tel délit ne devait pas rester impuni. « Je suis persuadé, a-t-il continué, que vous ne vous laisserez point séduire par de vaines déclamations contre la personne du premier magistrat. Napoléon Bonaparte est premier magistrat de la République Française, et par là même, il a droit aux mêmes égards que tout autre chef de nation qui a reçu le pouvoir suprême de ses ancêtres. »

Une lacune dans les numéros du *Journal des Débats* nous prive du prononcé du jugement, mais il était de règle à cette époque, selon le plus ou moins de gravité, de punir les libellistes convaincus, de l'amende, l'emprisonnement et le pilori.

Quand l'attorney général ouvrit la procédure par la lecture de l'*Indictement*, il fit ressortir qne Jean Peltier mettait Bonaparte en grande haine et mépris, non seulement parmi les Français, mais aussi parmi les sujets du roi d'Angleterre ; qu'il tentait enfin de détruire et de troubler l'amitié et la paix qui subsistaient entre le roi et ses sujets et ledit Napoléon Bonaparte, la République Française et les citoyens de ladite République et encore d'exciter des sentiments d'animosité, de haine et de jalousie dans ledit Napoléon Bonaparte contre ledit seigneur le roi et ses sujets.

Eh bien ! faut-il le dire, Peltier réussit à tourner l'Angleterre contre nous ; elle céda, tout porte à le croire, à ses perfides insinuations.

Nous allons voir dans un instant comme elle s'ingénia à rompre le traité d'Amiens en revenant perfidement sur ses pas.

CHAPITRE III

*La rupture du traité d'Amiens. — La convoitise de l'Angle-
terre sur l'Egypte et Malte. — Effervescence en France,
à l'égard de la mauvaise foi anglaise. — Grande parade
militaire et réception à la suite. — Les militaires invalides
ouvrent une souscription pour la construction de bateaux
plats. — Voyage du premier consul dans les départements
du Nord et en Belgique où il va se rendre compte de l'état
de défense. — Sa réception enthousiaste et celle de Mme
Bonaparte. — Même accueil à Boulogne, Dunkerque,
Bruges, Ostende, Gand, Anvers, Malines et enfin Bruxelles.
— Engouement général pour la construction de bateaux
plats. — La bataille de Trafalgar, en détruisant toute
notre marine, les rend inutiles.*

Tel fut, comme on va le voir, le point de départ de la rupture.

Le 6 floréal, l'ambassadeur anglais, lord Witworth, en réponse
à de précédents démêlés en contradiction avec les stipulations
du traité d'Amiens, fit connaître qu'il avait reçu comme dernières
instructions de son gouvernement : 1° Que Sa Majesté britannique
conservât des troupes à Naples pendant dix ans ; 2° que l'île de
Lampedouse lui fût cédée en toute propriété ; 3° que les troupes
françaises évacuassent la Hollande. Toujours d'après ses instructions, il ajouta que si dans sept jours il n'y avait point une
convention conclue sur les bases proposées par lui, il avait ordre
de quitter Paris et de retourner en Angleterre. De plus, il n'hésita
point à présenter ces conditions comme étant *l'ultimatum* de
son gouvernement.

Il faut rendre cette justice à Bonaparte qu'il fit tout ce qu'il
était humainement possible de faire pour que cette paix, qui
avait été si laborieuse, ne fût point rompue, comme s'il avait
pressenti à ce moment à quoi l'entraînerait cette irréconciliable
ennemie, pour arriver à l'anéantir.

Et puis encore certaines vues et certains projets de la part de
l'Angleterre n'étaient-ils pas annoncés par le séjour prolongé de
l'armée anglaise en Egypte, pays qu'elle devait évacuer trois
mois après le traité ; par la liaison de l'Angleterre avec la Porte

et l'extrême inquiétude de cette dernière puissance; par les escarmouches qui avaient eu lieu entre l'armée anglaise et les troupes de la Porte; par la correspondance de l'armée anglaise avec les Mamelucks qu'elle soldait et auxquels elle fournissait des munitions de guerre; enfin par l'opinion où était la Porte que les Anglais voulaient garder l'Egypte et Suez comme comptoirs ?

Ah ! la convoitise de l'Angleterre sur l'Egypte, voilà bien son point de départ. Elle n'eut point de cesse qu'elle n'y arrivât, ainsi que les derniers événements viennent de nous le cruellement démontrer, à nous, Français, en particulier. Qu'y est devenue notre influence? Le canal de Suez n'est-il pas devenu pour la France le *sic vos non vobis*, après avoir été construit par le génie et les capitaux français?

Un écrivain du temps, J. Chas, s'exprime ainsi :

« Le gouvernement anglais commence à ne pas vouloir restituer Malte, contrairement aux clauses du traité d'Amiens. La France prépare un armement pour reconquérir Saint-Domingue, le ministre britannique feint de croire que ces préparatifs sont destinés contre l'Angleterre et, sans autre provocation, il déclare la guerre, arme ses flottes et ses vaisseaux, attaque nos bâtiments, nos colonies, bombarde nos ports. Bonaparte dénonce un tel gouvernement qui trahit les traités. Il s'arme et se prépare à passer les mers, pour forcer l'Angleterre à accepter la paix. Il apostrophe ensuite cette nation en ces termes : C'est elle qui a armé les nègres de Saint-Domingue ; c'est elle qui a prodigué l'or pour ensanglanter les rives du Rhin ; c'est elle qui a fomenté cette guerre de la Vendée ; c'est elle qui a produit en France l'anarchie et les fureurs révolutionnaires, fourni de l'or et des armes aux rebelles, contrefait notre papier-monnaie, corrompu nos généraux ; c'est elle qui stipendia ces infâmes assassins qui construisirent cette machine infernale, destinée à ensevelir sous des ruines de feu le premier consul. »

Cet écrivain ne fut pas le seul, du reste, à cette époque, à déclarer que l'Angleterre avait toujours eu la main dans nos malheurs publics.

— Il y a bien de l'exaspération contre les Anglais.

De Paris, 13 prairial :

» Le 10 prairial, les militaires membres du Sénat conservateur, du Corps législatif et du Tribunat se sont réunis à Tivoli, pour dîner ensemble. On pense bien que les intérêts de la patrie, les circonstances où elle se trouve ont occupé tous les esprits, échauffé tous les cœurs. Au dessert, on a porté les santés suivantes, d'après le commandement et le signal du vainqueur de Valmy, du brave Kellermann, qui se trouvait le doyen de cette généreuse troupe. »

Entre autres, il y eut celle-ci :

« A Bonaparte le grand ; à la liberté des mers ; au brave qui descendra le premier sur le territoire du peuple violateur du traité. »

C'est le Sénat conservateur qui arrête qu'il sera pris sur sa dotation, la somme nécessaire pour la construction, dans le plus court délai, d'un vapeur du premier rang, qui serait offert pour la guerre actuelle.

Ce sont les vœux ardents des élèves de l'Ecole Polytechnique et de tous les points de la France, ce sont de toute part des démonstrations qui indiquent que la guerre avec l'Angleterre sera populaire.

— A la grande parade militaire qui eut lieu le 16 prairial, Bonaparte fut très acclamé. A la suite, il reçut les ambassadeurs. Il y eut, ce même jour, un dîner de 250 couverts et, le soir, cercle chez Mme Bonaparte.

-- 26 prairial : Une nouvelle marque du grand mouvement amené par la déclaration de guerre de l'Angleterre :

« Nous vous prions de nous admettre à bord du vaisseau qui vous portera en Angleterre et avec vous la vengeance et les destinées du peuple français. »

Signé : Kellermann, Pérignon, Serrurier, Lamartillière, L'Espinasse, Rampon, Vaubois, Cazabianca, Dubois-Dubay, Dédelay-d'Agier, Begainot, Jacopin, Ligneville, Lefranc, Latour-Maubourg, Auguis, Nattes, Aniel, Duranteau, Toulangeon, Regnaud-Lascours, Bardenelt, Travenet, Tarrasson, Dalesme, Despalières, Sapey, Duhamel, Sahuc, Auguste Jubé, Daru, Félix Beaujour, Leroi (de l'Orne), Chabaud-Latour, Carrion-Nisas, Emile Gaudin, etc., etc., tous militaires, membres du Sénat, du Corps législatif et du Tribunat.

— Les militaires invalides tiennent à ouvrir une souscription entre eux, pour être employée à la construction de bateaux plats.

— Le premier consul est parti pour visiter les villes du Nord et la Belgique.

Monvel, Talma, Mlle Raucourt et Mme Talma sont arrivés à Bruxelles où ils doivent jouer la tragédie pendant le séjour du premier consul.

Le premier consul était arrivé le 6 messidor à Amiens, à sept heures du soir. Plus de trente mille individus l'attendaient sur son passage. Une garde d'honneur, composée de soixante hommes de cavalerie et de deux compagnies d'infanterie, était allée au-devant de lui hors de la ville. Toute la ville d'Amiens a été illuminée. Le dimanche 7, le premier consul était à cheval à six heures du matin. Il a fait le tour des remparts depuis la citadelle et parcouru tous les environs de la ville. A neuf heures, il s'est embarqué sur la Somme; il est ensuite rentré en ville au milieu d'une population immense accourue pour le voir. Il y eut des discours dont j'aime à citer celui-ci, adressé à Mme Bonaparte par le préfet de la Somme :

« Madame,

« Elevée par votre auguste époux au plus haut rang, vous avez placé le bonheur à côté de la gloire. Gloire! bonheur! association rare, réservée au héros de la France, comme au plus sage des hommes et formée par vous, madame, par vous, devenue le modèle de toutes les femmes. Tout ce qui caractérise votre sexe pour embellir la vie de l'homme, grâces de la personne, charmes de l'esprit, sensibilité douce et touchante, vous avez reçu de la nature tous les dons heureux, vous les avez cultivés avec soin et chaque jour vous en faites le plus noble emploi. Agréez, madame, nos félicitations sur vos belles destinées; toujours votre nom sera mêlé à celui de Napoléon Bonaparte; tous les habitants de la Somme les confondront dans leur respect et dans leur amour. »

Un grand enthousiasme régnait en ville; de tous côtés on lisait des inscriptions louangeuses pour le premier consul.

De tous les côtés, les Conseils généraux votent des centimes additionnels aux contributions, toujours en vue de la construction de bateaux plats pour une descente en Angleterre.

Le premier consul se rend à Dunkerque où le précède Mme Bonaparte, arrivée dans cette ville, le 10 messidor, à dix heures du soir. Le 10, la garde du consul a manœuvré sur la côte, à la vue des Anglais qui croisent. Toutes les rues de Dunkerque sont traversées par des guirlandes de fleurs, auxquelles sont suspendus des pavillons français mêlés à ceux de toutes les puissances amies.

C'est autour de Boulogne que le premier consul est arrivé, le 12 messidor.

Déjà se produisent les escarmouches sur mer, puisque, de la côte de Boulogne, il put assister à une canonnade assez vive qui s'était engagée entre une frégate et deux cutters anglais et les chaloupes canonides.

La visite du port, on le pense bien, eut tous ses soins.

Comme à Amiens, comme à Dunkerque, les autorités lui ont été présentées et il reçut l'accueil le plus enthousiaste.

J'en reviens à Dunkerque où Mme Bonaparte fut reçue avec une satisfaction sans pareille. Tous les habitants s'étaient portés au-devant d'elle. Le lendemain, elle parcourait la ville et faisait une promenade en canot dans la rade et tenait dans le ravissement toutes les personnes qui avaient le bonheur de l'approcher.

J'oubliais de dire que le premier consul était allé visiter minutieusement la côte, les forts, la rade, les bassins, l'arsenal et, tandis qu'il faisait manœuvrer la garnison sur la plage, un petit corsaire, capitaine Le Lion, amenait sous leurs yeux et en filant le long des dunes, un gros navire anglais chargé de mâtures, captivé au nord de l'Ecosse.

Le voyage du premier consul devait comprendre ensuite : Bruges, Ostende, Gand, Anvers, Malines et enfin Bruxelles.

C'est à l'envi que les départements souscrivent de grosses sommes pour la construction des bateaux plats, qui se fait avec la plus grande activité sur les bords de la Seine.

— On sait le reste, hélas! on sait ce que devinrent toutes ces constructions, tous ces préparatifs pour atteindre l'Angleterre sur mer et par mer. Il suffit d'une seule bataille navale, celle de Trafalgar, pour voir anéantir les flottes combinées de la France et de l'Espagne. Le célèbre amiral Nelson venait, tout en le payant de sa vie, d'éloigner à tout jamais le cauchemar qui pesait sur les Anglais : une descente possible de Bonaparte en Angleterre.

*
* *

Ici s'arrête mon travail. Les nombreux documents que je possède ne vont pas plus loin que le moment de l'inspection des villes et ports de mer du nord, tant en France qu'en Belgique devenue province française.

Cela ne nous fait-il pas déjà parcourir un vaste cycle de gloire et d'événements merveilleux pour notre pays ? Que de choses de ce temps n'étaient connues qu'insuffisamment et même pas du tout par nos générations actuelles ! Elles ne pourront, il me semble, que lire avec fruit les deux volumes de mon ouvrage. Si ce dernier ne présente les faits, le plus souvent, que sous la forme anecdotique, il aura le mérite justement de ne les graver que mieux dans les esprits.

Je suis persuadé, enfin, que leurs âmes de Français vibreront en voyant ce qui a été accompli de grand à cette époque et que ce nom prestigieux de Bonaparte, bientôt Napoléon, les frappera plus que jamais. Ils se rendront compte alors de ces vers, que Pierre Colaca écrivit, quand on ramena de Sainte-Hélène à Paris les cendres du grand Empereur :

> Pour lui, la Muse de l'histoire,
> Du poète inspirait les vers,
> Et cet amant de la victoire,
> A ses pieds voyait l'univers !
> Tant que son aigle tint la foudre,
> Il eut cent mille adulateurs ;
> Dès que son aigle fut en poudre,
> Il eut cent mille accusateurs !

CALENDRIER BONAPARTE

JANVIER

1. — Bonaparte propose la paix à l'Angleterre, 1800.
6. — Bonaparte reçoit l'ambassadeur de Tunis, 1803.
7. — Prise de Trente, 1801.
12. — Bonaparte vainqueur devant Mantoue, 1797.
13. — Seconde victoire devant Mantoue, 1797.
14. — Bataille de Rivoli, 1797.
15. — Bataille d'Anguiari, 1797.
16. — Bataille de la Favorite, 1797.
18. — Bonaparte ordonne les travaux de la route du Simplon, 1801.
20. — Hambourg réuni à la France, 1801.
21. — Nouveaux efforts pour la paix avec l'Angleterre, 1800.
22. — Bataille de Semanhout (Égypte), 1799.
23. — Bataille de Carpenedollo, 1797.
24. — Bataille d'Avio, 1797.
30. — Organisation de l'Institut, 1801.

FÉVRIER

1. — Bonaparte porte le deuil de Washington, 1800.
1. — Reddition de Mantoue, 1797.
4. — Bonaparte prend Ceséna et Rimini, 1797.
5. — Bonaparte établit la division des départements en arrondissements, etc., 1800.
9. — Prise de Notre-Dame-de-Lorette, 1797.
13. — La Turquie reçoit l'ambassadeur de la République française, 1803.
14. — Prise d'El-Arisch (Égypte), 1799.
16. — Bonaparte pacifie la Vendée, 1800.

17. — Traité de Tolentino avec le Saint-Siège, 1797.

19. — Bonaparte médiateur de la Confédération suisse, 1803.

22. — Bonaparte nommé général en chef de l'armée d'Italie, 1796.

23. — Paix de Lunéville, 1803.

25. — Prise de Gaza, 1799.

26. — Bonaparte envoie à Paris les trophées de Mantoue, 1797.

MARS

1. — Organisation de la Banque de France, 1800.

2. — Bonaparte à l'Ecole militaire de Brienne, 1779.

4. — Bonaparte ordonne l'exposition annuelle des produits de l'industrie française, 1801.

5. — Bonaparte chargé de la grande expédition de la Méditerranée, 1798.

6. — Prise de Jaffa, 1799.

7. — Bonaparte touche les plaies des soldats pestiférés, 1799.

9. — Les Etats de Parme donnés à la France, 1801.

12. - Combat de Korsoum (Egypte), 1799.

16. — Passage du Tagliamento, 1797.

18. — Prise de la Chiusa, 1797.

19. — Bataille de Lavise, 1797.

21. — Bonaparte part de Paris pour la première campagne d'Italie, 1796.

22. — Paix avec Naples et la Sicile, 1801.

22. — Entrée de Bonaparte à Trieste, 1797.

24. — Bataille de Clusen, dans le Tyrol, 1797.

26. — Bonaparte charge plusieurs jurisconsultes de rédiger un Code pénal, 1801.

27. — Traité de paix avec l'Angleterre, 1802.

28. — Bonaparte organise le Piémont en départements, 1801.

29. — Le Tyrol et la Carinthie se soumettent à Bonaparte, 1797.

30. — Bonaparte fait rédiger le Code de Commerce, 1801.

AVRIL

1. — Bonaparte prend à Nice le commandement en chef de l'armée d'Italie, 1796.

3. — Benaparte vainqueur s'avance sur Vienne, 1797.

5. — Traité d'alliance avec le roi de Sardaigne, 1797.

6. — Commencement de la campagne d'Italie, 1797.

7. — Bonaparte fait rédiger le Code de procédure civile, 1802.

8. — L'armée autrichienne demande à Bonaparte une suspension d'armes, 1797.

9. — Passage du Mont-Saint-Bernard, 1800.

11. — Bonaparte, à vingt-six ans, commence sa gloire par la victoire de Montenotte, 1796.

12. — L'empereur d'Allemagne demande la paix, 1797.

13. — Combat de Cossaria, 1796.

14. — Bataille de Millesimo, 1796.

15. — Bataille de Diégo, 1796.

16. — Bonaparte prend Ceva, 1796.

17. — Préliminaires de la paix de Leoben, 1797.

18. — Le Concordat de Pie VII est publié, 1802.

19. — Bonaparte rappelle les émigrés, 1802.

21. — Bataille de Mondovi, 1797.

26. — Organisation de l'instruction publique, établissement des écoles primaires, 1802.

27. — Bonaparte fait venir de France des artistes habiles, pour recueillir les monuments d'Italie, 1796.

28. — Reddition de Tortone, 1796.

29. — Bonaparte donne le sabre d'honneur à La Tour-d'Auvergne qu'il nomme premier grenadier de la République, 1800.

MAI

1. — Bonaparte déclare la guerre aux Vénitiens, 1797.

5. — Passage du Pô par Bonaparte, 1796.

6. — Bonaparte va joindre l'armée de Dijon.

8. — Bonaparte arrive à Genève, 1800.

9. — Bataille de Fombio, 1796.

10. — Bataille du Pont de Lodi, 1796.

13. — La République de Venise se soumet à Bonaparte, 1797.

14. — Prise de Milan, 1796.

15. — Institution de la Légion d'honneur, 1802.

16. — Entrée dans Venise, 1797.

17. — Rétablissement des cultes, 1801.

19. — Bonaparte s'embarque à Toulon pour l'Egypte, 1798.

20. — Bonaparte promulgue le Code Civil, 1803.

24. — Bonaparte sous-lieutenant au régiment de la Fère, 1788.

25. — La flotte de Bonaparte dépasse la Corse, 1798.

30. — Bataille de Borghetto, 1796.
31. — Passage du Mincio, 1796. — Bonaparte entre daus la
baie de Cagliari, 1798.

JUIN

1. — L'Italie soumise en quarante-cinq jours, 1796.
3. — Prise de Pavie, 1800.
4. — Bonaparte rétablit la République cisalpine, 1800.
5. — Organisation du gouvernement de Gênes, 1797.
6. — Prise de l'île de Gozo près de Malte, 1798.
8. — Déclaration de guerre aux Anglais, 1803.
9. — Bataille de Montebello, 1800.
10. — Bonaparte débarque à Malte, 1798.
12. — Prise de Malte, 1798. — Prise de Vogherra, 1800.
14. — Bataille de Marengo, 1800.
17. — Bonaparte quitte Malte, 1798.
19. — Bonaparte prend Modène, Bologne, Ferrare, 1796.
20. — Entrée de Bonaparte à Reggio, 1796.
24. — Naissance de Joséphine, 1763.
25. — Bonaparte visite les départements, 1803.
27. — Organisation de la caisse d'amortissement, 1801.
30. — Bonaparte débarque à Alexandrie, 1798.

JUILLET

1. — Prise d'Alexandrie, 1798.
2. — Bonaparte rentre à Paris incognito après la campagne
d'Italie et se dérobe à l'enthousiasme public, 1800.
7. — Bonaparte s'avance sur le Caire, 1798.
8. — Capitulation du Hanovre, 1803.
10. — Bataille de Rhamanié (Egypte), 1798.
13. — Bataille de Cheibreisse (Egypte), 1798.
14. — Fête nationale en mémoire de la prise de la Bastille, 1801.
15. — Concordat entre Pie VII et la République Française, 1801.
20. — Bataille des Pyramides, 1798.
22. — Bonaparte reprend le Caire, 1798.
25. — Bataille d'Aboukir, 1799.
27. — Mariage de Bonaparte avec Joséphine, 1796.
29. — On commence le grand canal qui doit unir le Rhin, la
Meuse et l'Escaut, 1803.
30. — Le Valais réuni à la France, 1802.

AOUT

1. — Bonaparte reprend Calvi aux Anglais, 1794.
2. — Bonaparte nommé consul à vie, 1802.
3. — Bataille de Lonado, 1796.
4. — Organisation des Tribunaux de Justice, 1802.
5. — Bataille de Castiglione, 1796.
6. — Paix avec la Bavière, 1801.
7. — On élève la colonne de ia place du Châtelet, 1801.
8. — Bernadotte fait hommage à la France, au nom de Bonaparte, des drapeaux pris en Italie, 1797.
10. — Le Piémont réuni à la France, 1801.
11. — Bonaparte vainqueur à Peschierra, 1796.
13. — Construction du fort de Salchié (Egypte), 1798.
15. — Naissance de Bonaparte, 1769.
19. — Bonaparte visite les Pyramides, 1798.
22. — Nouvelle victoire de Peschierra, 1796.
23. — Bonaparte quitte l'Egypte pour revenir en France, 1799.
24. — Bataille de Mantoue, 1796.
30. — Evacuation de l'Egypte, 1801.
31. — Bonaparte exempte les séminaristes de la conscription et accorde divers privilèges au clergé, qui l'appelle l'envoyé de la Providence, 1803.

SEPTEMBRE

1. — Etablissement du Ministère des Cultes, 1801.
2. — Bataille de Serraval, 1796.
5. — Bataille de Roveredo, 1796.
6. — Combat de Cevello, passage des gorges de la Brenta, 1796.
8. — Bataille de Bassano, 1796.
12. — Bonaparte prend les bagages autrichiens, 1796.
13. — Bataille de Saint-Georges, 1796,
18. — Combat de Governolo, 1797.
19. — Traité de Lunéville, 1800.
21. — Nouvelle victoire près de Mantoue, 1796.
23. — Bonaparte est nommé général de brigade, 1795.
28. — Congrès d'Udine, 1797.

OCTOBRE

1. — Préliminaires de paix entre la France et l'Angleterre, 1801.
2. — Bonaparte médiateur de la paix entre la Suède et le pacha de Tripoli, 1802.

3. — Traité d'alliance avec les Etats-Unis d'Amérique, 1800.
4. — Bonaparte rétablit les sœurs de la charité, 1801.
5. — Journée du 13 vendémiaire an IX, 1795.
7. — Traité de paix entre la France et la Russie, 1801.
8. — Bonaparte nommé général en second des armées de l'Intérieur, 1795.
9, — Bonaparte, venant d'Egypte, débarque sous pavillon danois à Fréjus, 1799.
11. — Relations d'amitié avec la Turquie, 1801.
17. — Traité de Campo-Formio ; l'Autriche renonce aux Pays-Bas, 1797.
21. — Prise du Caire, 1798.
22. — Napoléon apaise la révolte du Caire, 1798.
29. — Paix d'Udine, 1797.

NOVEMBRE

4. — Proclamation des consuls qui garantit les intérêts nés de la Révolution, 1800.
9. — Journée du 18 brumaire, établissement du Consulat, 1799.
13. — Bonaparte plante le drapeau tricolore sur le pont d'Arcole, 1796.
16. — Combat de Hollabrum, 1800.
24. — Bonaparte arrive à Radstadt, 1797.

DÉCEMBRE

3. — La Corse réunie à la France, 1768.
5. — Bonaparte arrive à Paris après sa première campagne d'Italie, 1797.
7. — Bonaparte est nommé premier consul, 1799.
10. — Paris fête la paix d'Udine, Bonaparte est présenté au Directoire comme pacificateur, 1797.
13. — Bonaparte reçoit l'ambassadeur d'Angleterre, 1802.
15. — Bonaparte est nommé lieutenant d'artillerie, 1793.
19. — Bonaparte se fait connaître au siège de Toulon, 1793.
24. — Machine infernale, 1800.
28. — Bonaparte visite les fontaines de Moïse, 1798.
31 — Bonaparte convoque le Corps législatif, pour achever d'organiser les constitutions de la France, 1803.

Tableau des Mois révolutionnaires

avec, en regard, les mois anciens, ainsi que les millésimes

AUTOMNE	VENDÉMIAIRE BRUMAIRE FRIMAIRE	Septembre Octobre Novembre
HIVER	NIVÔSE PLUVIÔSE VENTÔSE	Décembre Janvier Février
PRINTEMPS	GERMINAL FLORÉAL PRAIRIAL	Mars Avril Mai
ÉTÉ	MESSIDOR THERMIDOR FRUCTIDOR	Juin Juillet Août

An I 1792	An VII 1798
An II 1793	An VIII 1799
An III 1794	An IX 1800
An IV 1795	An X 1801
An V 1796	An XI 1802
An VI 1797	An XII 1803

TABLE DES MATIÈRES

CHAPITRE III

DEUXIÈME PARTIE :

Le 18 Brumaire et le Premier Consul

CHAPITRE Ier

CHAPITRE II

CHAPITRE III

TROISIÈME PARTIE :
Deuxième Campagne d'Italie — Concordat
Rupture du Traité d'Amiens

CHAPITRE I

CHAPITRE II

CHAPITRE III

Imprimerie L. Duc et Cie, 125, rue du Cherche-Midi, Paris.

DU MÊME AUTEUR

Dernières nouveautés parues :

En préparation :

www.ingramcontent.com/pod-product-compliance
Ingram Content Group UK Ltd.
Pitfield, Milton Keynes, MK11 3LW, UK
UKHW021736090726
13657UKWH00002B/751